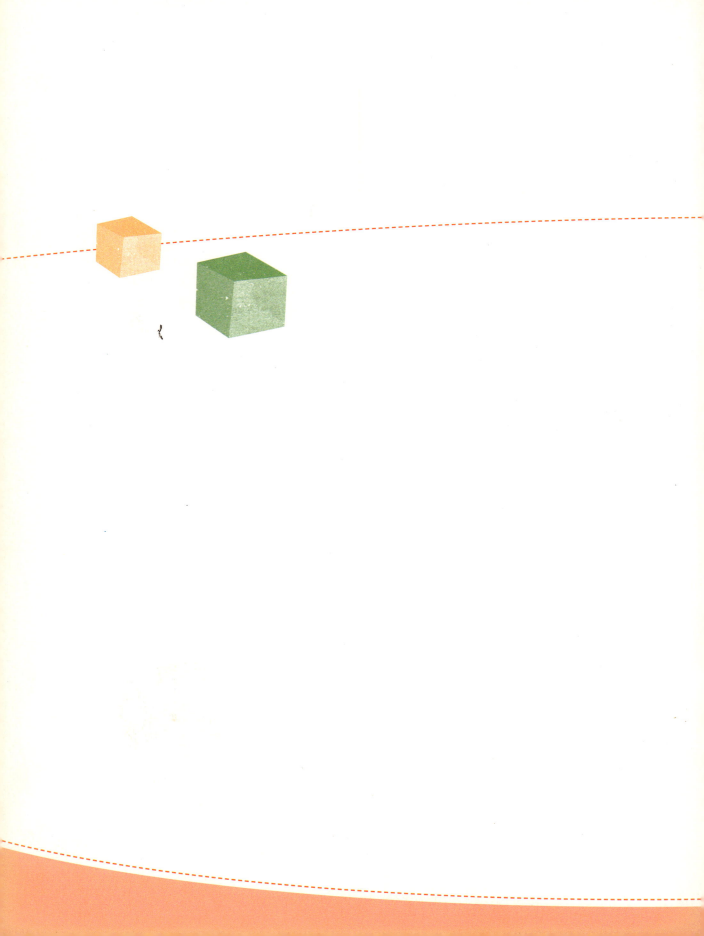

BAUSTEINE

Lesebuch

3

Erarbeitet von
Hannelore Daubert, Michelle Ferber,
Susan Krull, Ingrid Messelken
und Regina Sievert

Diesterweg

Inhalt

Mein Buch 4

Wir sind zurück 6

Schnelle Flitzer 16

Bei Wind und Wetter 26

Rund ums Buch 42

Gesund und fit 56

Tiergeschichten 68

Miteinander leben 86

Inhalt

Lesedetektive 100

www.quiesel.de 112

Hokuspokus 122

Vor hundert Jahren 136

Was krabbelt da? 148

Zum Staunen 160

Ich denke mir 174

Durch das Jahr 186

Anhang 214

Wir sind zurück

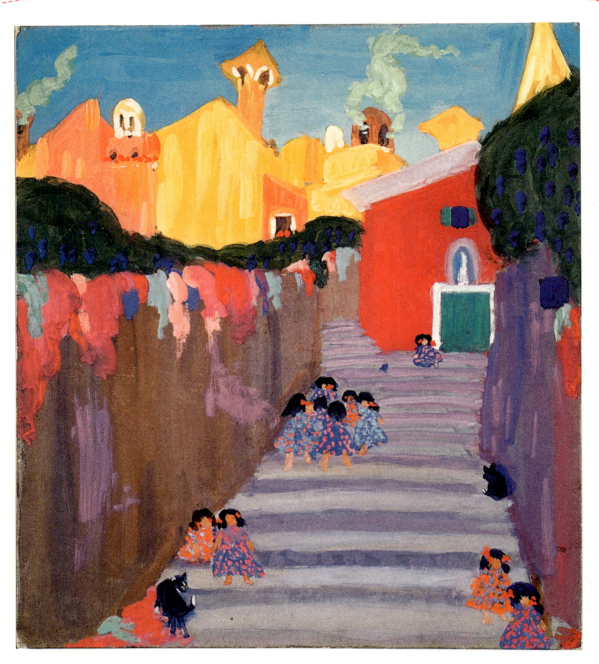

Emy Dresler

Wir sind zurück

Wir

konnten wochenlang baden, spielen und lachen,
wollten alles, bloß keine Aufgaben machen.
Ob weit in der Ferne, ob hier zu Haus –
es warn tolle Ferien,
doch jetzt sind sie aus!

Sind

alle wieder gut angekommen.
Jede hat Andenken mitgenommen.
Post kam von überall her,
Lea schrieb aus den Bergen,
Kati und Nele vom Meer.

Zurück

ging's mit Fahrrad, Bus, Bahn und zu Fuß,
zurück in die Schule, weil man halt muss.
Doch sind wir mal ehrlich:
Es ist auch ganz schön,
dass wir uns alle hier wiedersehn.

Zurück aus den Ferien

Ich bin wieder aus den Ferien zurück – ich war in einem Ferienlager, und es war klasse.

Als wir mit dem Zug ankamen, waren unsere Papas und unsere Mamas schon am Bahnhof und haben auf uns gewartet. Das war prima!
5 Ich bin Mama in die Arme gesprungen und dann auch Papa, und wir haben uns einen Kuss gegeben.
Mama hat feuchte Augen gehabt und Papa hat ganz komisch gelacht und „hehe" gemacht, und er hat mir über das Haar gestrichen.
Ich habe angefangen zu erzählen, was ich alles erlebt habe, und wir sind
10 vom Bahnhof nach Haus gefahren, und Papa hat meinen Koffer stehen gelassen.

Ich hab mich gefreut, dass ich wieder zu Haus war, es roch so gut, und ich war wieder in meinem Zimmer mit allen Spielsachen um mich rum. Papa hat sich in einen Sessel gesetzt und Zeitung gelesen, und ich
15 habe ihn gefragt: „Was soll ich denn jetzt machen?"
„Geh spielen", hat Papa zu mir gesagt.
„Ich kann aber nicht ganz allein spielen", habe ich gesagt.
„Du wirst mir jetzt den Gefallen tun und allein spielen!", hat Papa gesagt. Und Mama hat gesagt: „Das fängt ja gut an."

Jean-Jacques Sempé und René Goscinny

▶ „Achtzehn prima Geschichten" vom kleinen Nick kannst du lesen in: „Der kleine Nick" von Jean-Jacques Sempé und René Goscinny.

Wir sind zurück

Lecker, lekker, lækker

Nix war in der Schule los

„Hattet ihr einen schönen Urlaub?", fragt Frau Kägele.
Und da gehen bestimmt zehn Finger in die Luft.
„Na, dann wollen wir mal hören, was ihr alles so erlebt habt in den Ferien",
sagt Frau Kägele.

5   Und dann erzählen sie alle, wo sie gewesen sind und was sie erlebt haben.
Rasmus war auf Mallorca und Ines war bei ihrer Oma in Mainz und
Senem und Özden und Aytül waren in der Türkei, genau wie Frau Kägele.
Und am allerweitesten weg war Mirjam. Die war sogar in Amerika.

„Und an der schönen Nordsee war niemand?", fragt Frau Kägele.
10 „Oder an der Ostsee?"
Jonathan meldet sich vorsichtig.
„Oh, Jonathan", sagt Frau Kägele. „Und? Hast du da was Besonderes erlebt?"
Jonathan denkt nach. Wenn er jetzt erzählt, dass er aus Versehen einen Nix
mit nach Hause gebracht hat, sagt Frau Kägele vielleicht:
15 „Oh, das ist aber schön! Wir wollten uns sowieso gerade
über Nixenkunde unterhalten!"
Das könnte ja sein. Aber eigentlich hat Jonathan eher das Gefühl,
dass Frau Kägele genauso wenig von Nixenkunde versteht wie er.
Und dann sagt sie vielleicht nur, dass Jonathan
20 nicht schwindeln soll.
„Nöö", sagt Jonathan und schüttelt den Kopf.
„Nix Besonderes." Und das ist ja nicht mal gelogen,
wenn man mal genau nachdenkt.

Wir sind zurück

Genau in diesem Moment fliegt ein roter Stift aus seinem Ranzen.
25 Und bevor Jonathan noch die Klappe zuschlagen kann,
fliegt schon der nächste hinterher.
„Nicht!", flüstert Jonathan und schlägt die Ranzenklappe zu.
„Bist du verrückt!?"
Leonie starrt ihn ganz komisch an. „Was hast du denn heute?",
30 flüstert sie. „Ist was?"
Jonathan nimmt vorsichtig die Hand von der Ranzenklappe
und setzt sich wieder richtig hin. „Nee", sagt er. „Gar nix."

Genau in diesem Augenblick saust sein Matheheft aus dem Ranzen.
Und das Hausaufgabenheft und dann auch noch der Deckel von der Brotdose.
35 Jonathan springt auf und sammelt seine Sachen ein.
Dann klemmt er den Ranzen ganz fest zwischen seine Füße.
So kann der Nix ihn ja wohl hoffentlich nicht mehr aufkriegen.
Leonie starrt ihn immer noch so komisch an.
„Ist dir schlecht?", flüstert sie. „Oder was? Jonathan?"
40 Da schiebt Jonathan seinen Ranzen mit dem Fuß vorsichtig ein Stück
zu Leonie rüber.
„Da ist einer drin!", flüstert er. „Der hat das gemacht!"

Kirsten Boie

▶ Das ist nix für schwache Nerven!
Wie Leonie den Nix findet und wie
Jonathan zu dem Nix gekommen ist,
kannst du lesen oder hören.

Lange Krokodile

Lehrerin: „Wer weiß, wie lange Krokodile leben?"
Schüler: „Genauso wie kurze Krokodile!"

Im Kopf

Schülerin: „Herr Lehrer, Sie wollten doch heute über das Gehirn sprechen!"
Lehrer: „Ja, aber darüber reden wir ein andermal. Heute habe ich etwas anderes im Kopf."

Leeres Blatt

Paul zu Hanna: „Was hast du im Aufsatz geschrieben?"
„Mir ist nichts eingefallen. Ich musste ein leeres Blatt abgeben."
„Ich auch."
„Dann wird die Lehrerin wieder sagen, wir hätten voneinander abgeschrieben."

Hausaufgaben

Die Lehrerin sagt: „Sag mal, Jens, hat dir bei den Hausaufgaben deine Mutter geholfen?"
„Aber nein! Sie hat sie ganz allein gemacht."

Wir sind zurück

Friedensfest

In der 3a schweben wunderschöne Friedenstauben aus weißem Papier vor den Fenstern. Jedes Kind hat eine gebastelt. An der Türwand hängen Kriegsgeschichten und Kriegsbilder. Die sind schrecklich. An der Fensterwand hängen Friedensgeschichten und Friedensbilder.
5 Die sind wunderschön.

Auf der Tafel steht:

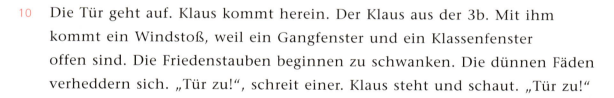

FRIEDE PEACE PACE PAIX SHALOM MIR BARIŞ

Die 3a plant ein Friedensfest mit Gedichten und Liedern, mit Essen und Trinken. Alle Eltern sind eingeladen. In der Schulküche haben die Kinder Friedenstauben aus Mürbeteig gebacken. Jeder Gast wird eine bekommen.

10 Die Tür geht auf. Klaus kommt herein. Der Klaus aus der 3b. Mit ihm kommt ein Windstoß, weil ein Gangfenster und ein Klassenfenster offen sind. Die Friedenstauben beginnen zu schwanken. Die dünnen Fäden verheddern sich. „Tür zu!", schreit einer. Klaus steht und schaut. „Tür zu!"

Klaus guckt noch verwirrter und tut nichts. Florian schiebt ihn zur Seite
15 und knallt die Tür zu. Klaus stupst Florian. Florian stupst Klaus.
Ein paar Kinder versuchen, die Tauben zu entwirren. Eine Papiertaube reißt ein, dann eine zweite und eine dritte.

Harry geht auf Klaus zu. Seine Daumen stecken im Gürtel. Er ist ziemlich zornig.
20 Klaus hebt die Ellbogen vors Gesicht.
„Was habt ihr denn?", fragt er.
„Wir machen Frieden, du Trottel",
brüllt Harry.

Renate Welsh

Du! Nein, du!

Ich bin so wütend! Wir haben so schön gespielt,
und dann kommt die da und macht alles kaputt!
Und dabei hätte ich gerade gewonnen.
Wenn sie den Stein nicht weggenommen hätte,
5   hätte ich sie auch nicht angeschrien.
Aber deshalb darf sie mich noch lange nicht schubsen!

Von wegen gewinnen! Ich habe gesehen, dass du deinen
Stein auf den völlig falschen Platz gelegt hast.
Ich wollte dir nur helfen.
10 Und zum Dank brüllst du mich an.
Da musste ich mich ja wehren.
Und dann kam die da und hat mich getreten.
Das tat richtig weh!

Selber schuld! Du kannst uns doch nicht einfach den Stein wegnehmen.
15 Und als du ihn auch noch geschubst hast, musste ich was tun.
Dass du dann hingefallen bist, wollte ich nicht.
Aber gleich danach hast du mir voll in die Seite geboxt
und dann habt ihr euch beide gehauen.

Hey, jetzt hört doch mal auf zu streiten. Das ist doch doof.
20 Ihr habt gespielt, und du hast gesehen, dass ein Stein
verkehrt lag und wolltest helfen.
Aber als du den Stein ohne zu fragen genommen hast,
sind die zwei anderen wütend geworden und ihr habt euch
gestritten und gehauen. Aber das ist doch eigentlich blöd.

25 Was mischst du dich denn überhaupt ein?

Das geht dich gar nichts an!

Und überhaupt: Der hat schließlich angefangen!

Nein, du warst das!

Nein, du!

30 Gar nicht!

Doch!

Hört doch mal auf zu schreien!
Das bringt euch auch nicht weiter!

Schnelle Flitzer

Luigi Russolo

Schnelle Flitzer

Noch schneller

Ich kann weite Wege gehn.
Noch schneller kann ich rennen.
Du kannst mich auf dem Fahrrad sehn
und wirst mich kaum erkennen,
5 so rasch bin ich vorüber!

Noch schneller fährt der Autobus.
Noch schneller rollt die Eisenbahn.
Doch damit ist's noch lang nicht Schluss:
Das Flugzeug düst mit Affenzahn
10 nach Kanada hinüber.

Noch schneller rast die Mondrakete,
ihr Flug kennt keine Schranken.
Doch eins verrat ich dir, mein Lieber:
Auch wenn ich auf der Stelle trete –
15 am schnellsten fliegen die Gedanken!

Georg Bydlinski

Mein erstes Auto

Als ich etwa zehn Jahre alt war und Weihnachten vor der Tür stand, war mein einziger Wunsch ein eigenes Auto. Unter dem Weihnachtsbaum ging mein Traum in Erfüllung. Es stand dort ein in der Versuchsabteilung eigens für mich gebauter Zweisitzer-Sportwagen mit einem luftgekühlten
5   Zwei-Zylinder-Motor – also ein richtiges Auto. Das Einzige, was er im Vergleich zu den großen Autos nicht hatte, war ein Differenzial. Dagegen hatte mein Wagen eine starre Hinterachse.

Schneeregen hatte an diesem Tag die Gartenwege mit einer Eisschicht überzogen. Ich fuhr mit Vollgas auf eine Ecke zu, und da taten Glatteis
10 und fehlendes Differenzial das ihre: Der Wagen schob stur geradeaus, und ehe ich mich versah, stand ein Telegrafenmast da, wo eben noch die Vorderachse meines Wagens war, und ich saß mit blutiger Nase, aber sonst unverletzt am Steuer.

Zwei Lehren brachte mir dieser Unfall für den Rest meines Lebens:
15 Einmal, wofür ein Differenzial am Auto gut ist, und zum anderen, dass auf Glatteis die Automobilwelt ganz anders aussieht als im Trockenen.

Ferdinand Porsche

Dieses Auto hat Ferdinand Porsche seinem Sohn bauen lassen.

Schnelle Flitzer

Das Auto

Eine Familie lebte mit einem Auto zusammen. Wenn es nicht fuhr, parkte es im Schlafzimmer neben dem Bett der Eltern. Ließ man es länger als zwei Stunden allein, fühlte es sich einsam und fing an zu hupen. Blinken hieß: bereit für eine Fahrt und weg. Wohin, das erfuhr man erst,
5 wenn man dort ankam.

Manchmal aber wollte man nicht überrascht werden, sondern zum Beispiel zum Zahnarzt fahren. Da nahm man eben das Fahrrad oder den Bus. Und manchmal wäre man am liebsten einfach zu Hause geblieben. „Ich habe genug", sagte das Mädchen eines Morgens, als das Auto wieder
10 blinkte, „genug von diesem Auto. Ich möchte lieber eine Katze haben."

Da stöhnte der Motor. Das Auto hupte nicht, es blinkte nicht, es zuckte mit keinem Scheibenwischer: Es fuhr einfach davon. Die Mutter, der Vater, das Mädchen und der Junge schauten ihm mit laut klopfendem Herzen nach. Dann weinten und lachten sie abwechselnd.

15 Mit diesem Tage ist das Leben der Familie einfach geworden. Die Kinder gehen zur Schule, die Mutter und der Vater gehen zur Arbeit, und die Katze liegt auf dem großen Bett im Zimmer der Eltern. Sie ist so eigensinnig wie das Auto, passt aber viel besser in einen Haushalt.

Jürg Schubiger

Kadogo, Bosco und ihr Tshukudu

Unter den fremdartigen afrikanischen Fahrzeugen sind die Tshukudus wohl die seltsamsten. Sie sind wie Kinderroller aus Holz gebaut, können aber bis zu 600 Kilo tragen und bergab ein Tempo von 50 Kilometern in einer Stunde erreichen. Die beiden Fahrer, Kadogo und Bosco,
5 haben Mühe, den Lastenroller im Gleichgewicht zu halten.
Das leere Tshukudu wiegt nämlich schon 150 Kilo.
Mit ihrem Roller transportieren sie Holzkohle, Kartoffeln, Gemüse, Ziegelsteine. Selbst ein lebendes Schwein ist kein Problem.
„Man muss ihm allerdings die Schnauze zubinden", erläutert Kadogo,
10 „sonst beißt das Vieh den Fahrer."

Schnelle Flitzer

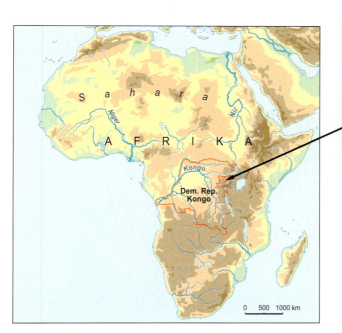

Etwa 2000 Tshukudisten gibt es in den Virunga-Bergen. Man braucht kein Benzin, keine Ersatzteile, und das Baumaterial wächst am Wegesrand. Die Geschäfte von Kadogo und Bosco laufen gut. Sie haben Holzkohle auf eigene Rechnung gekauft und bringen sie
15 nun zum Markt. Dort verdienen sie mit etwas Glück 15 Dollar am Verkauf der Holzkohle. Der eine Dollar, den der Rücktransport des Tshukudu per Lastwagen den Berg hinauf nach Kibumba kostet, ist leicht zu verschmerzen. „Wenn nicht, müssen wir halt schieben", sagt Bosco und macht dabei ein gequältes Gesicht.

20 „Wir sind etwas eilig", entschuldigt sich Kadogo. Und hockt sich hinter die Lenkstange auf die Säcke. Bosco schiebt den schweren Tshukudu an. Nach ein paar Metern Anlauf springt er auf und stellt seinen rechten Fuß an den Bremsklotz am Hinterreifen. Wenn die Schläge des Vorderrads zu heftig werden, ist es Zeit, auf die Bremse zu steigen.

Thomas Scheen

Mister Harley

Ein Herr in London gab Gas.
Die Ampel war rot.
Ach was!
Mister Harley machte es Spaß.
Er schonte heute die Bremse.
Und zischte in die Themse.

Josef Guggenmos

Cowboy Jim

„Nur 1 PS? Das reicht nicht mehr!
Caramba, 100 müssen her!"
So rief der Cowboy Jim und drum
stieg er vom Pferd aufs Auto um.
Jetzt ging's dahin, wie nie so flott.
Ein Graben kam. Jim rief: „He, hopp!"
Platsch, klirr, klacks, bums. – Der Cowboy schrie:
„Kannst du nicht hören? Dummes Vieh!"

Josef Guggenmos

Das unschlagbare Sonnen-Nuna

Nuna ist ein Sonnenwagen – ein Solarmobil. Nuna hat seit 2001 jedes Meisterschaftsrennen in Australien gewonnen.
5 Dazu kommen noch ein paar Weltrekorde. Holländische Studenten haben ihn gebaut.

Sonnenzellen treiben den windschnittigen Sonnenwagen bei
10 Sonnenschein an. Sie füllen auch die starken Batterien, mit denen Nuna bei Regen oder in der Nacht fährt. Nunas wichtigste Teile stammen aus der Weltraumtechnik, die für Satelliten entwickelt wurden. Sogar der Kunststoff für den
15 Sonnenwagen gehört dazu. Ein Material, das Satelliten vor dem Einschlag von kleinen Meteoriten schützt, verstärkt den Wagenkasten und die Kotflügel. Das macht den Wagen besonders stabil und gleichzeitig sehr leicht. Dazu kommen die leistungsfähigen Sonnenzellen und die starken Batterien.

20 So kann ein Nuna es leicht mit den meisten Autos aufnehmen. Nuna erreicht eine Höchstgeschwindigkeit von rund 170 Stundenkilometern. Und das Schönste dabei ist: Das Solarmobil verbraucht keinen Tropfen Benzin. Es stößt kein einziges Milligramm Schadstoff aus. Ein Nuna ist das umweltfreundlichste Rennfahrzeug der Welt.

Ingrid Messelken

Schnelle Flitzer

Am Kiefernweg geht es mächtig steil hinunter.
„Da traue ich mich nie runter", denkt Hannah und will schon wieder gehen. Doch in diesem Augenblick saust Ida um die Straßenecke. Lässig steht sie auf ihrem Skateboard. Hannah
5 springt erschrocken zurück, als Ida unmittelbar vor ihr stoppt. Die lacht. „Was suchst du denn hier?"
„Naja." Hannah zeigt auf ihr neues Skateboard.
„Ich probier das Ding mal aus, ja?", sagt Ida.

Bevor Hannah antworten kann, ist Ida schon gestartet und
10 kurvt in rasendem Tempo den Kiefernweg hinunter.
Auf ihrer Fahrt muss sie durch eine tiefe Bodenwelle. Ohne abzubremsen flitzt sie hinein. Dann lässt sie sich heraussegeln, als wäre sie auf einer Sprungschanze. Unten schwingt sie locker aus, verlagert das Körpergewicht nach hinten, und das Skateboard fliegt ihr
15 wie von selbst in die Hand. Kinderleicht hat alles ausgesehen, überhaupt nicht gefährlich.

„Das kann ich auch", denkt Hannah. Und als Ida ihr das Brett zurückbringt, da rückt sie Ellbogen- und Knieschützer zurecht, steigt auf das Skateboard – und landet eine Sekunde später auf dem Hosenboden. Das Brett
20 saust quer über die Straße und verschwindet in einer Baugrube.

Schnelle Flitzer

Ida hilft Hannah hoch. „Ich fass es nicht! Bist noch nie gefahren und willst gleich Weltmeisterin spielen. Das hast du jetzt davon!"
Ohne sich um Ida zu kümmern, humpelt Hannah zur Baugrube.
In zwei Metern Tiefe liegt ihr schönes Skateboard im Matsch.
25 Ida grinst. „Dann mal runter mit dir!"
„Und wie soll ich aus dem Loch wieder rauskommen?", fragt Hannah kleinlaut. Aus der Grubenwand ragt ein dickes Rohr.
„Da stell ich mich drauf und zieh dich hoch", sagt Ida. „Los, mach schon!"
Und Hannah springt, versinkt bis zu den Knöcheln im Dreck.

30 Wenig später stehen die beiden wieder auf der Straße.
„Du siehst vielleicht aus", sagt Ida lachend. Hannah schaut an sich herunter.
Ärmel, Hose, Schuhe: alles voll mit braunem Matsch. Mama wird einen Nervenzusammenbruch kriegen! „Ich muss nach Hause", sagt sie.
„Bist du morgen auch hier, Ida?"
35 „Ich bin immer hier." Und schon saust Ida mit ihrem knallroten Helm den Kiefernweg hinunter.

Jürgen Banscherus

25

Bei Wind und Wetter

El Greco

Bei Wind und Wetter

Gewitter

Der Himmel ist blau
Der Himmel wird grau
Wind fegt herbei
Vogelgeschrei
Wolken fast schwarz
Lauf, weiße Katz!
Blitz durch die Stille
Donnergebrülle
Zwei Tropfen im Staub
Dann Prasseln auf Laub
Regenwand
Verschwommenes Land
Blitze tollen
Donner rollen
Es plitschert und platscht
Es trommelt und klatscht
Es rauscht und klopft
Es braust und tropft
Eine Stunde lang
Herrlich bang
Dann Donner schon fern
Kaum noch zu hör'n
Regen ganz fein
Luft frisch und rein
Himmel noch grau
Himmel bald blau!

Erwin Moser

Die Geschichte vom fliegenden Robert

Wenn der Regen niederbraust,
wenn der Sturm das Feld durchsaust,
bleiben Mädchen oder Buben
hübsch daheim in ihren Stuben.
5 Robert aber dachte: Nein!
Das muss draußen herrlich sein!
Und im Felde patschet er
mit dem Regenschirm umher.

Hui, wie pfeift der Sturm und keucht,
10 dass der Baum sich niederbeugt!
Seht! Den Schirm erfasst der Wind,
und der Robert fliegt geschwind
durch die Luft so hoch, so weit.
Niemand hört ihn, wenn er schreit.
15 An die Wolken stößt er schon,
und der Hut fliegt auch davon.

Schirm und Robert fliegen dort
durch die Wolken immerfort.
Und der Hut fliegt weit voran,
20 stößt zuletzt am Himmel an.
Wo der Wind sie hingetragen,
ja, das weiß kein Mensch zu sagen.

Heinrich Hoffmann

Der fliegende Robert

Dass die Maus nicht fliegen kann,
hört man öfter dann und wann.
Robert holt den Schirm heraus,
hält sich für 'ne Fledermaus.
5 Als den Sturm er pfeifen hört,
er sich nicht am Wetter stört:
„Oh, wie es oktobert!",
ruft der Flieger-Robert.

„Auf geht's", ruft das Mäusekind,
10 hält sein Schirmchen in den Wind,
bis es ihn nach oben hebt
und ihn hochzieht, bis er schwebt.
Dass er zu den Wolken fliegt
und die Schwerkraft so besiegt,
15 hat er ausbaldowert,
unser Flieger-Robert.

Robert schwebt zum Himmel dann,
nur der Hut fliegt ihm voran.
Niemand hat zuvor erlebt,
20 wie es ist, wenn man so schwebt.
Einmal denkt er: „So ein Glück",
einmal auch: „Ich will zurück".
So die Welt erobert
unser Flieger-Robert.

Erwin Grosche

Der Weg durch die Wolken

Als Mina aufwachte, stand Mischa im Eingang der Höhle
und blickte übers Tal. Es regnete leicht, Nieselregen, und
die Wolken hingen so tief, dass man gerade eben noch
die Spitzen der nächsten Bäume sehen konnte.

5 Großvater kroch mit Mühe aus seinem Schlafsack.
„Kein tolles Wetter", sagte Marcus aus der Tiefe des Schlafsacks.
„Wollen wir wirklich heute den Berg besteigen?"
„Unbedingt", sagte Moa.
Großvater angelte Regenzeug aus seinem Rucksack; er hatte vermutet,

10 dass es regnen würde, und Regenzeug herausgesucht, und dafür waren alle
dankbar. Um zehn Uhr brachen sie auf.

Der Pfad, der zum Gipfel des Berges hinaufführte, wurde jetzt steiler
und war ziemlich schmal. Sie gingen langsam: zuerst Mischa mit Mina,
dann Marcus und Moa und als Letzter Großvater. Die Fichten wurden

15 jetzt immer kleiner. Großvater sagte, dass sie bald an die Baumgrenze
kämen. Da war es so hoch, dass keine Bäume mehr wuchsen, es war so kalt,
dass nur Moos und kleine Blumen wachsen konnten.

Nach einer Weile hörte der Regen auf, aber der Nebel hing weiterhin tief.
Doch es war kein Nebel. Sie waren jetzt so hoch oben, dass sie

20 in einer Wolke gingen. Es war, wie von weißer Milch umgeben zu sein,
es war ein schreckliches und gleichzeitig feierliches Gefühl.

Bei Wind und Wetter

Alle wussten, dass sie jetzt ziemlich hoch oben waren, aber man konnte nicht am Berghang nach unten schauen. Und da, plötzlich, kamen sie aus der Wolke heraus und sahen den Dreihöhlenberg ganz klar und
25 der Gipfel war sehr nah. Unter ihnen lag die Wolke wie ein weißes Meer; ja, sie waren wirklich durch die Wolke gegangen und oberhalb davon herausgekommen.

Der Gipfel lag dreihundert Meter entfernt. Und ein Stück unterhalb der Spitze des Berges konnten sie klar und deutlich die beiden Höhlen erkennen.
30 Es war, als ob zwei Augen sie ansähen. Es war beinah zum Fürchten.

Vorher war Großvater als Letzter gegangen, das musste man tun als Ältester, hatte er gesagt, damit keins der Kinder zurückblieb. Aber jetzt ging er vorneweg. Die Wolke, durch die sie aufgestiegen waren, lag immer noch unter ihren Füßen, und die Wolken über ihnen waren auch noch da.
35 Doch dazwischen konnten sie vollkommen klar die Spitze des Dreihöhlenbergs sehen. Und es war ganz still, es regnete nicht mehr.
Zu ihren Füßen lag die Wolke wie ein großes Milchmeer, und vor ihnen war der Gipfel des Berges mit den beiden Höhlen, die wie zwei Augen auf sie herabstarrten.

Per Olov Enquist

Wind und Wetter

Es regnet, es regnet,
mir ist ein Fisch begegnet.
Es windet, es windet,
der nicht nach Hause findet.

5 Es schneit, es schneit,
der Christbaum steht bereit.
Es friert, es friert,
er ist noch nicht verziert.

Es taut, es taut,
10 das Wetter ist heut laut.
Es rauscht, es rauscht,
auch ich bin wie vertauscht.

Es luftet, es luftet,
die Wiese summt und duftet.
15 Es sprießt, es sprießt,
wer Schnuppen hat, der niest.

Es blitzt, es blitzt,
ein Sperling sinnt und sitzt.
Es tropft, es tropft,
20 sein Herz und meines klopft.

Jürg Schubiger

Bei Wind und Wetter

Wetterwörter

Tropfen

Eiszapfen

Hochwasser

Glatteis

SONNE

GEWITTER

Dürre

33

Regenboten

Siehst du die Schwalben niedrig fliegen,
wirst du Regenwetter kriegen.
Fliegen die Schwalben in den Höh'n,
kommt ein Wetter, das ist schön.

Früher orientierten sich die Menschen an solchen Bauernregeln, die Auskunft über das Wetter geben sollten. Bauernregeln heißen sie deshalb, weil es vor allem
5 für die Bauern und ihre Arbeit wichtig war, das Wetter vorherzusagen, und sie deshalb die Natur und die Tiere besonders genau beobachteten. Schnell merkten sie, dass zum Beispiel Insekten und Vögel ihr Verhalten ändern, wenn sich Regen ankündigt.

Schwalben ernähren sich von Insekten, die sie im Flug fangen.
10 In welcher Höhe die Schwalben fliegen, hängt davon ab, in welcher Luftschicht sie ihre Nahrung finden können. Bei sonnigem Wetter fliegen die Insekten hoch über dem Boden. Die Sonne wärmt nämlich die Luft, sodass sie aufsteigt und dabei die Fliegen, Mücken und Libellen nach oben trägt.

15 Zieht jedoch schlechtes Wetter heran, bleibt die Luft kühl und steigt nicht auf. Die Insekten bleiben in der Nähe des Bodens und die Schwalben fliegen in niedriger Höhe, um sie zu jagen. Schon bald werden sich die ersten Wolken zeigen, die den Regen ankündigen. Diese Bauernregel trifft also zu.

Bei Wind und Wetter

Regenmacher

Anders als bei uns freuen sich die Menschen in Afrika sehr darüber, wenn es regnet. Gibt es lange Zeit keinen Niederschlag, fehlt den
5 Menschen, Tieren und Pflanzen das Wasser zum Leben.

Die Regenmacher aus dem afrikanischen Togo haben ihre Zauberkraft von den Göttern erhalten.
10 Aber sie dürfen sie nur einmal im Jahr einsetzen. Deshalb überlegen sie sich genau, wann und wie sie um Wasser bitten.
Aber alle Magie bleibt wirkungslos,
15 wenn sie nicht zuvor den Göttern ein Huhn oder eine Ziege opfern.

Der Magier hängt nach der Zeremonie die Knochen und Schädel der Opfertiere an die Außenwand
20 seines Hauses. Sie sollen ihn vor bösen Geistern schützen.
Die Kunst des Regenmachens gibt es auch noch im westafrikanischen Burkina Faso. Junge Männer werden hier vier Jahre lang zum Regenmacher ausgebildet.
25 Einmal im Jahr verkleiden sie sich und veranstalten einen Regentanz. Das ganze Dorf feiert dann mit ihnen, damit das lebenswichtige Nass sie auch in Zukunft nicht im Stich lässt.

Schön warm?

Amelie guckt Mama über die Schulter. Was steht denn da in der Zeitung? „Bald Palmen im Stadtpark?" Gespannt liest Amelie weiter.

Bald Palmen im Stadtpark?

Das Klima auf der Erde hat sich schon immer verändert. Dass dies aber so schnell geschieht wie heute, ist neu und überrascht selbst manchen Wissenschaftler. Vor allem der Treibhauseffekt sorgt dafür, dass es auf der Erde immer wärmer wird. Wird die durchschnittliche Temperatur auf der Erde in den kommenden hundert Jahren tatsächlich um etwa 2 bis 4,5 Grad Celsius ansteigen? Die Auswirkungen sind möglicherweise schon heute spürbar: Das Eis am Nordpol schmilzt und könnte schon in wenigen Jahrzehnten verschwunden sein. Lässt sich der Klimawandel noch aufhalten?

Treibhauseffekt, Klimawandel – die Begriffe schwirren in Amelies Kopf herum.
Wenn es wirklich so warm wird, ...

5 ... kann man das ganze Jahr ins Freibad gehen!
Und Mützen muss man auch nie wieder aufsetzen!
Anstatt Äpfeln wachsen dann Bananen im Garten,
und ich hätte einen Affen als Haustier!
Aber wo gehen dann die Eisbären hin,
10 wenn es kein Eis mehr gibt?
Schlittenfahren geht dann wohl
auch nicht mehr.
Gibt es dann noch Regen
oder trocknet vielleicht alles aus?

Bei Wind und Wetter

Der Treibhaus-Effekt

In einem Treibhaus ist es auch dann warm, wenn es draußen kühl ist. Die Sonnenwärme dringt nämlich durch die Glasscheiben nach innen und wird im Treibhaus „eingefangen".

Auf unserer Erde ist das ganz ähnlich. In der Atmosphäre gibt es Gase, die die Sonnenstrahlen durchlassen. Gleichzeitig verhindern diese Gase, dass die Wärme von der Erde in den Weltraum entweichen kann.

Weil die Wärme wie in einem Treibhaus festgehalten wird, nennt man das „Treibhaus-Effekt". Du kannst diese Auswirkung in einem Versuch nachstellen.

Du brauchst:
eine große Plastikflasche (mit Verschluss)
eine Schere
ein kleineres Glas
ein Thermometer

So wird es gemacht:

1. Lass einen Erwachsenen mit der Schere die Flasche teilen.

2. Lege das Thermometer in das Glas. Stelle das Glas in die Sonne und lies nach einer Stunde die Temperatur ab.

3. Stülpe die Flaschenhälfte über das Glas. Überprüfe die Temperatur nach einer weiteren Stunde!

37

Nebel

Verloren
im Nebelmeer
bin ich gegangen
durch die Allee,
5   bedachtsam sehr.

Schweigen
rings um mich her.

Nichts
war zu vernehmen.
10 Nur dies
Knistern
ab und zu
auf dem Kies.
Ich wusste, das waren
15 meine Füße.
Sie suchten da unten
ihren Weg,
die unsichtbaren.

Und einmal
20 ein leises Flüstern,
links,
nah.
Ein Ahorn
in der Ahornallee
25 fragte den anderen:
Bist du noch da?

Josef Guggenmos

Bei Wind und Wetter

Schneetreiben

Der Winter ist nicht sehr beliebt,
weil keiner gerne Schnee wegschiebt.
Frühmorgens hört man manchmal schon
den Schneeschie-schieber-Schiebeton.

5   Schneehin – schneeher – schneeweg – Schneematsch,
schieb, Schieber, schieb, schieb schnell, ratsch, ratsch.
Dass niemand schlittert, niemand rutscht und
unfreiwillig Schneematsch lutscht.

Der Winter kann ganz anders sein
10 und lädt uns schön zum Spielen ein.
Doch schiebt der Schneeschieber vorbei, dann
schimpft man schon mal mit Geschrei:

Schneehin – schneeher – schneeweg – Schneematsch,
schieb, Schieber, schieb, schieb schnell, ratsch, ratsch.
15 Doch lass ein wenig Schnee noch hier
zum Schneemannbaun, schon dank ich dir.

Erwin Grosche

39

Verloren in Eis und Schnee

Wir schreiben das Jahr 1911. Die Erde ist fast vollständig entdeckt.
Jetzt gilt der Südpol als eine der letzten Herausforderungen. Über die kalte,
starre Welt aus Eis und Schnee fegt Tag und Nacht ein eisiger Sturmwind.
Minus 89 Grad wurden hier schon gemessen – das ist Kälterekord.

5 Der Engländer Robert Falcon Scott will den Südpol nach mehreren
gescheiterten Versuchen endlich erobern.
Was Scott erst auf der Reise erfährt: Auch der Norweger Roald Amundsen
hat eine eigene Expedition zusammengestellt.

Am 20. Oktober 1911 brechen Amundsen und seine Männer
10 mit vier Schlitten und 54 Hunden von ihrem Basislager
in der Walfischbucht auf.

Zehn Tage später startet Scott mit seiner 17-köpfigen Gruppe von
seiner Basisstation bei Kap Evans. Vorneweg fahren Motorschlitten.
Scott selbst begleitet die Pony-Mannschaft. Doch nur mühsam ziehen
15 die Ponys ihre Lasten. Immer wieder brechen sie im Eis ein.
Bald sind sie zu Tode erschöpft.
Aber was, um Himmels willen, ist das? Beide Motorschlitten sind
zusammengebrochen! Scott wird zu seinem großen Entsetzen klar,
dass sie die Motorschlitten abschreiben müssen.

Bei Wind und Wetter

20 Selbst im Schneesturm kommt dagegen
das Amundsen-Team voran – und schneller als geplant.

Zur selben Zeit, als Amundsen trotz grimmigem Wetter die gewaltige Natur
in der Gletscherwelt der Antarktis bewundert, beginnt Scott an den Natur-
gewalten zu verzweifeln. Täglich neun, manchmal zehn Stunden
25 kämpfen sie sich durch die grenzenlose, weiße Wüste. Oft sehen sie
im dichten Nebel kaum ihren Vordermann.

13. Dezember 1911. Noch 27 Kilometer bis zum Pol. Amundsen ist nervös.
Eigentlich müsste seine Rechnung aufgehen. Eigentlich müssten sie
die Ersten sein. Es ist der 14. Dezember. Verbissen gucken Amundsen
30 und seine Männer auf den Kompass. Und dann sind sie sich ganz sicher:
Sie haben den südlichsten Punkt der Erde erreicht. Weit und breit
können sie keine englische Fahne entdecken. Sie sind die Ersten.
Stolz pflanzt Amundsen die norwegische Flagge auf.

Anfang Januar 1912. Schauer von Eiskristallen wehen Scotts Mannschaft
35 entgegen. Das Ziehen der Schlitten ist eine einzige Qual. Die Männer
ertragen alles – wenn nur am Pol keine Fahne steht. Und immer noch
glauben sie sich vorn.
Am 16. Januar ist ihr Traum vom Sieg ausgeträumt. Sie sehen Skispuren
und die Abdrücke vieler Hundepfoten. Sie sind zu spät gekommen.

Maja Nielsen

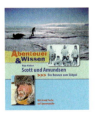

▶ Alles über die tragische Südpol-Expedition
steht in dem Buch „Scott und Amundsen.
Das Rennen zum Südpol" von Maja Nielsen.

Rund ums Buch

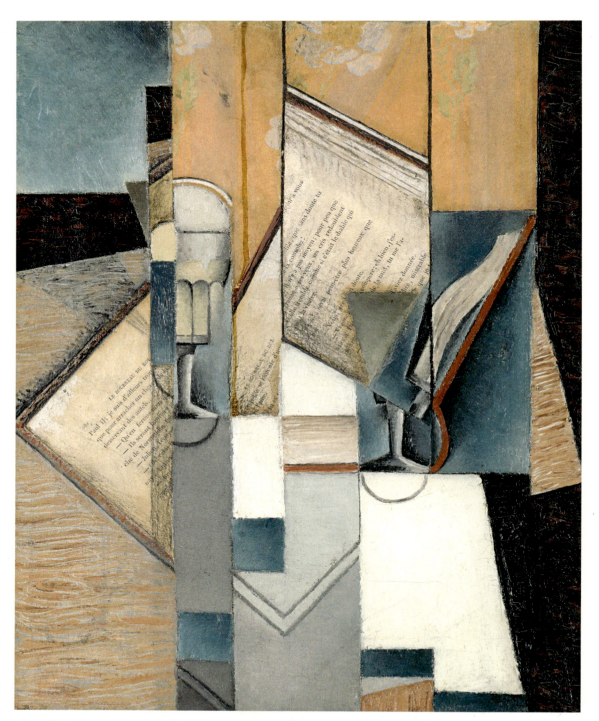

Juan Gris

Rund ums Buch

Eine schöne Geschichte

Es war einmal eine schöne Geschichte,
die war außen unsichtbar und innen bunt.
Und in alten Zeiten
ging sie von Mund zu Mund.

5 Dann wurde sie in Buchstaben gefasst
und bekam Seitenzahlen verpasst,
sie wirkte nun eher eckig als rund,
außen schwarz und innen bunt.

Ein Kind las sie.
10 Und in seiner Fantasie
wurde sie wieder rund –
außen unsichtbar und innen bunt.

Martin Anton

Pippi in der Schule

„Hallihallo", grölte Pippi und schwenkte ihren großen Hut.
„Komme ich gerade richtig zur Plutimikation?"
Die Lehrerin hatte in der Stadt schon von Pippi reden hören.
Und da sie eine sehr liebe und nette Lehrerin war,
5 hatte sie beschlossen, alles zu tun, damit es Pippi in der Schule gefiel.

Pippi warf sich auf eine leere Bank, ohne dass sie jemand
dazu aufgefordert hatte. Aber die Lehrerin sagte nur ganz freundlich:
„Willkommen in der Schule, kleine Pippi. Ich hoffe, dass es dir gefällt
und dass du recht viel lernst."
10 „Ja, und ich hoffe, dass ich Weihnachtsferien krieg", sagte Pippi.
„Deshalb bin ich hergekommen. Gerechtigkeit vor allem!"

Astrid Lindgren

Mit Pippi Langstrumpf fing alles an

Pippi wurde eines Abends im Jahre 1941 „geboren".
Karin, meine Tochter, lag mit einer Lungenentzündung im Bett
und bat mich oft: „Mama, erzähl mir was."
„Was soll ich dir denn erzählen?", fragte ich.
„Erzähl von Pippi Langstrumpf", sagte Karin eines Abends.
Sie hatte diesen Namen im Augenblick erfunden, und ich begann
zu erzählen, ohne zu fragen, was für eine Figur diese Pippi Langstrumpf sei.
Man hörte es ja am Namen, dass es ein eigentümliches Mädchen war,
und ein eigentümliches Mädchen wurde sie auch in meiner Geschichte.

Und als ich drei Jahre später wegen einer Fußverletzung im Bett
liegen musste, nahm ich mir vor, Pippis Erlebnisse niederzuschreiben.
Nicht mit dem Gedanken an eine Veröffentlichung, sondern um sie
meiner Tochter zu ihrem zehnten Geburtstag zu schenken. Aber langsam
tauchte der Gedanke auf, ich sollte vielleicht doch eine Abschrift an
einen Verlag schicken. Ohne große Hoffnung schickte ich das Manuskript
ab – und es wurde auch prompt abgelehnt. Bevor ich es zurückbekam,
hatte ich aber schon mit dem nächsten Buch begonnen.

Im Sommer 1944 schrieb ich „Britt-Mari erleichtert ihr Herz", schickte es
zu einem Preisausschreiben und bekam den zweiten Preis. Es brachte
mich fast um, so glücklich war ich darüber. Im nächsten Jahr veranstaltete
derselbe Verlag ein Preisausschreiben für Kinderbücher, und da holte ich
das alte „Pippi"-Manuskript hervor und schickte es ein. Ich bekam
den ersten Preis.

Astrid Lindgren

▶ Pippi Langstrumpf ist ganz sicher
das merkwürdigste Mädchen
auf der Welt. Sie macht immer nur
das, was ihr gefällt.

Astrid Lindgren

Astrid Lindgren wurde im Jahre 1907 auf dem Bauernhof Näs am Rand der Stadt Vimmerby in Schweden geboren. Das
5 rote Haus, in dem sie wohnte, und seine Umgebung wurden Schauplatz für viele ihrer Erzählungen. Die weiße Veranda wurde die Veranda
10 der Villa Kunterbunt, die Linde davor wurde Pippis Limonadenbaum und die Scheune wurde die Scheune, in der die Kinder aus Bullerbü
15 übernachtet haben.

Als Astrid Lindgren geheiratet hatte, zog sie mit ihrem Mann und ihren beiden Kindern in ein Haus in Stockholm, in der
20 Nähe des Vasaparks. In diesem Haus ist sie im Jahre 2002 im Alter von 94 Jahren gestorben.

Astrid Lindgren schrieb über 100 Bücher. Davon wurden bisher 40 für das Kino oder für Fernsehserien verfilmt. Zu ihren bekanntesten Büchern gehö-
25 ren: Pippi Langstrumpf, Die Kinder aus Bullerbü, Mio mein Mio, Karlsson vom Dach, Madita, Michel von Lönneberga, Ferien auf Saltkrokan, Ronja Räubertochter und Die Brüder Löwenherz.

Zu Ehren von Astrid Lindgren tragen viele Schulen ihren Namen.

Rund ums Buch

Kirsten Boie: Meine Astrid Lindgren

Als Kind habe ich furchtbar gerne die Bücher von Astrid Lindgren gelesen. Alle Bücher. Darum finde ich es auch so einen lustigen und schönen Zufall,
5 dass ihre Tochter jetzt meine Bücher für die Kinder in Schweden übersetzt!

Am liebsten hatte ich die Bücher über die Kinder aus Bullerbü. Ich habe ja in einer Großstadt gewohnt, nämlich
10 in Hamburg in einer kleinen Wohnung ohne Garten, und da habe ich die Kinder aus Bullerbü sehr darum beneidet, dass sie mitten im Wald leben konnten, in gemütlichen, kleinen, roten Häusern und mit allen möglichen Tieren.
15 Und am allerschönsten fand ich, dass sie immer alle zusammen gespielt und auch mal Streiche gemacht haben.
So ein Leben hätte ich auch furchtbar gerne gehabt!

Als ich dann erwachsen war und selbst Bücher geschrieben habe, fand ich es so schade, dass die meisten Kinder es heute gar nicht mehr so schön
20 haben können wie die Kinder aus Bullerbü. Wer kann denn mit seinen Freunden schon in kleinen roten Häusern im Wald leben! Aber dann habe ich gemerkt, dass das ein dummer Gedanke ist und gar nicht stimmt. Dafür, dass man mit seinen Freunden Spaß hat, kann man doch überall selbst sorgen. Darum habe ich die Bücher über die Kinder vom Möwenweg
25 geschrieben. Vielleicht sind die also ein winziges, winziges bisschen bei Astrid Lindgren abgeguckt. Aber ich glaube, das ist erlaubt.

Euere Kirsten Boie

Das Möwenweg-Monster

Jul hat gesagt, Laterne laufen ist Babykram. Ich finde Laterne laufen schön und gemütlich und Laurin wollte gerne mitkommen. Da haben wir uns für sieben Uhr verabredet.

Mama hat in einem Karton noch Fackeln gefunden. Petja fand, mit Fackeln kann man auch noch laufen, wenn man schon in die fünfte Klasse geht. Da wollte Jul dann auch mitkommen.

Zuerst sind wir den Möwenweg entlanggegangen. Die Jungs sind vorausgelaufen und Petja hat gegrölt, dass hinter den Hecken aber hundertpro das Möwenweg-Monster lauert.

„Huaah, bruaa!", haben die Jungs geheult, aber das fanden wir ziemlich albern. Die Jungs sind einfach noch sehr kindisch.

Sie sind dann so weit vorausgelaufen, dass wir ihre Fackeln überhaupt nicht mehr sehen konnten.

Gerade als mir wieder so glücklich und so feierlich geworden war, hat mich plötzlich etwas von hinten an der Schulter gepackt.

„Tod und Verderben, hässliches kleines Weib!", hat eine Stimme gebrüllt. Ich habe vor lauter Schreck meine Laterne fallen lassen.

„Das Möwenweg-Monster ist endlich erschienen!", hat eine andere Stimme gebrüllt. Natürlich waren es die Jungs, die uns hinter der Hecke aufgelauert hatten. Jul hat geflüstert, dass sie sich an diesen blöden Idioten rächen will, und das wollten wir auch. Wir haben die rechte Hand gehoben und geschworen, dass wir uns rächen, so wahr uns Gott helfe. Das sagt man, wenn man schwört. Ich habe es im Fernsehen gesehen. Auf dem ganzen Weg nach Hause haben wir darüber geredet, wie wir die Jungs erschrecken können. Da bin ich sehr zufrieden gewesen.

Kirsten Boie

Rund ums Buch

Hörbuch „Möwenweg" – ein Interview mit Sprecherin Jenny

*Musst du lange Lesen üben,
bevor der Text aufgenommen werden kann?*
Ja. Ich lese den Text erst leise durch,
damit ich den Inhalt kenne.
5 Dann lese ich ihn komplett laut. Beim
Lautlesen merkt man nämlich erst,
welche Wörter schwierige Wörter sind
und wie die Sätze und Wörter
richtig betont werden müssen.

10 *Was passiert in einem Tonstudio?*
Ich sitze in einem schallisolierten Raum an einem Tisch mit Mikrofon.
Im Raum daneben sitzen die Regisseurin und ein Tontechniker.
Die Regisseurin sagt, was und wie etwas aufgenommen werden soll,
und der Tontechniker bedient ein Pult mit vielen Reglern und Knöpfen.
15 Er ist für den guten Klang und die Qualität der Aufnahme zuständig.
Zwischen den Räumen ist eine dicke Glasscheibe, damit man sich beim
Reden auch sehen kann. So kann man auch mal stumm ein Zeichen geben.
Als ich „Geburtstag im Möwenweg" aufgenommen habe, haben wir uns
insgesamt etwa 10 Stunden getroffen, verteilt über mehrere Tage.
20 Es dauert deshalb so lange, weil jeder Versprecher korrigiert werden muss,
weil die Betonung manchmal neu gelesen werden muss oder weil ich
einen „Frosch im Hals" hatte.

Magst du selbst lieber Bücher lesen oder hörst du lieber Hörbücher?
Eigentlich lese ich lieber. Aber in manchen Situationen ist
25 ein Hörbuch genau richtig: Bei langen Fahrten mit
dem Auto oder der Bahn, da kann man gut zuhören.
Oder abends im Bett, da kann ich bei einer schönen
Stimme auch prima einschlafen ...

49

Der Wolf

Als der Wolf über den Zaun linste, sah er ein Schwein, eine Ente und eine Kuh, die in der Sonne saßen und lasen.
Der Wolf hatte noch nie lesende Tiere gesehen.
5 „Meine Augen spielen mir einen Streich", dachte er.
Aber er war hungrig und wollte nicht länger darüber grübeln.
Er reckte sich, holte tief Luft, ...
... sprang auf die Tiere zu und brüllte: „AAAAH-OOOH-AAH!"

Doch die Ente, das Schwein und die Kuh rührten sich nicht.
10 „Was ist das für ein schrecklicher Lärm?", beschwerte sich die Kuh, „ich kann mich gar nicht auf mein Buch konzentrieren." „Einfach nicht beachten", riet die Ente.
Der Wolf hasste es, nicht beachtet zu werden.
„Was ist los mit euch?", fragte er. „Seht ihr nicht,
15 dass ich ein großer und gefährlicher Wolf bin?"

Rund ums Buch

15 „Doch, sicher bist du das", erwiderte das Schwein, „aber kannst du bitte
irgendwo anders groß und gefährlich sein? Wir versuchen zu lesen."
So war der Wolf noch nie behandelt worden.
„Das ist ja ganz was Neues", murmelte er vor sich hin. „Na gut. Dann will
ich auch lesen lernen!"
20 Und er ging in die Schule.

Schon bald war er Klassenbester.
Zufrieden mit sich selbst kehrte der Wolf zum Hof zurück
und sprang über den Zaun. „Denen werde ich es zeigen", dachte er.
Er schlug sein Buch auf und las laut:
25 **„A-u-f d-e-r M-a-u-e-r, a-u-f d-e-r L-a-u-e-r**
s-i-t-z-t e-i-n g-r-o-ß-e-r W-o-l-f."
„Du hast noch einen weiten Weg vor dir", sagte die Ente,
ohne von ihrem Buch hochzuschauen. Und auch das Schwein
und die Kuh lasen weiter, ohne im Mindesten beeindruckt zu sein.
30 Der Wolf sprang über den Zaun zurück und rannte ...
... geradewegs in die Leihbücherei.

Er übte und übte, bis er fließend lesen konnte.
„Jetzt bin ich bestimmt gut genug", dachte er.
Der Wolf ging zum Gartentor und klopfte an.
35 „Die werden staunen", dachte er.

51

Der Wolf schlug „Die drei kleinen Schweinchen" auf und las laut:
„Eswareneinmaldreikleineschweincheneinestagesriefihremuttersieundsagte ..."
„Hör mit diesem Krach auf", unterbrach ihn die Ente.
„Du hast dich aber gebessert", bemerkte das Schwein, „aber du musst noch
40 an deinem Stil arbeiten."
Der Wolf zog den Schwanz ein und schlich davon.

Aber der Wolf gab nicht auf. Er nahm das Geld, das er sich aufgespart hatte,
ging in die Buchhandlung und kaufte sich ein großes, schönes Märchenbuch.
Darin las er Tag und Nacht. Er würde so toll lesen lernen, dass die Tiere
45 vom Hof ihn einfach bewundern mussten!

Rund ums Buch

Ding-Dong, klingelte der Wolf am Gartentor.
Er legte sich ins Gras, machte es sich gemütlich, zog sein neues Buch hervor
und begann daraus vorzulesen. Er las laut, sicher und mit Begeisterung.
Das Schwein, die Kuh und die Ente lauschten und sagten kein einziges Wort.

50　Und so las der Wolf Märchen um Märchen.
„Das macht riesig Spaß", sagte die Ente.
„Er liest großartig", sagte das Schwein.
„Hast du Lust, zu unserem Picknick mitzukommen?", fragte die Kuh.

Und so veranstalteten sie alle zusammen ein Picknick: das Schwein,
55　die Kuh, die Ente und der Wolf. Sie lagen im hohen Gras
und erzählten sich den ganzen Nachmittag Geschichten.
Der Wolf streckte sich wohlig im Gras.
Es war schön, so wunderbare Freunde zu haben.

Pascal Biet

Wie gut

Wie gut, dass ein Hase nicht lesen kann,
dachte der Hase und rieb sich die Pfoten.
Er holte tief Luft und öffnete dann
die Tür mit der Aufschrift Zutritt verboten.

Frantz Wittkamp

Lesereise

Fünf Tage lang drehte sich alles an der Diesterweg-Schule rund ums Buch:
Die Lehrerinnen und Lehrer wählten aus den schönsten, spannendsten
und interessantesten Büchern ihr Lieblingsbuch aus.
Auf einem schön gestalteten Plakat stellten sie es allen Kindern vor.
Aus diesen Angeboten konnten sich die Kinder vier Bücher heraussuchen
und sich so ihre „Lesereise" für vier Tage zusammenstellen.

Zwei Stunden hatten die Schülerinnen und Schüler an jedem Morgen Zeit,
einem Auszug aus dem Buch zu lauschen, Filmszenen dazu zu sehen und
zum Inhalt zu basteln, dichten, schreiben oder zu malen.
Anschließend kehrten sie in ihre eigene Klasse zurück und
berichteten sich gegenseitig von den Erlebnissen ihrer Lesereise.

Besondere Freude machte der Abschluss der Lesereise am fünften Tag:
Mit den ausgewählten Büchern und den schönsten Materialien,
die dazu entstanden waren, dekorierten die Kinder das Schaufenster
der Buchhandlung im Ort.
Viele Leute blieben staunend stehen, um die Ausstellung zu bewundern,
und die Kinder freuen sich schon auf die nächste Lesereise.

Susan Krull

Rund ums Buch

Auf ein Lesezeichen zu schreiben

Tollkühn legte die Räuberbraut,
die sich einfach alles traut,
in das Buch als Lesezeichen
Schokolade und dergleichen.
Aber dir
verehr ich hier
diesen Streifen aus Papier.

Josef Guggenmos

Lesezeichen basteln

Du brauchst:
farbiges Tonpapier
Schere, Klebstoff und Locher
Stifte oder Material zum Verzieren
(gepresste Blüten, Fotos, Aufkleber …)
Laminierfolie oder Bucheinbindefolie
Stoffbändchen

So wird es gemacht:
– Schneide einen ungefähr 4 cm breiten
  Streifen Tonpapier aus.
– Bemale oder verziere ihn.
– Lass das Lesezeichen laminieren oder
  binde es in Folie ein, damit es lange hält.
– Stanze mit dem Locher ein Loch in dein
  Lesezeichen, ziehe das Stoffbändchen hindurch
  und knote es fest.

Gesund und fit

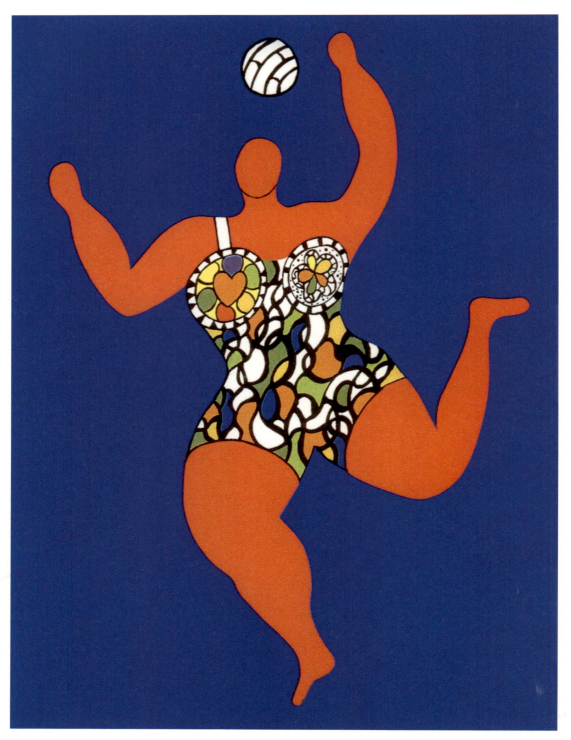

Niki de Saint Phalle

Gesund und fit

auf los gehts los

auf los gehts los.
auf gehts! los! los!
auf! los! los gehts!

los gehts. auf los.
los! auf! los gehts!
los los! auf gehts!
los! auf gehts! los!
los gehts! los! auf!
los! los? gehts auf?

gehts auf los los?
gehts? los auf los?
gehts los? los. auf.

Konrad Balder Schäuffelen

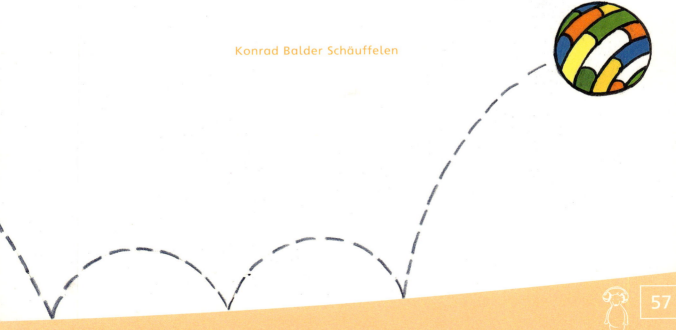

Neun Züge

Mein größter wunder Punkt war der Sport. Die anderen machten sich über mich lustig. Sie sagten: „Achtung, Jungs! Aufgepasst! David Dubosc springt, haltet eure Pflaster bereit!" Bis zu dieser Sportstunde.

5   An diesem Tag stand das Kletterseil auf dem Programm. Der Horror. Seit meinem sechsten Lebensjahr versuchte ich es, und ich hatte es kein einziges Mal geschafft hochzukommen. Als ich dran war, betrachtete ich die Länge des Seils.

Beim dritten Zug konnte ich schon nicht mehr, aber ich biss die
10 Zähne zusammen. Ich zog mich hoch, holte alles raus aus meinen Puddingärmchen. Vierter Zug, fünfter Zug. Ich wollte loslassen. Ich ächzte vor mich hin und schob mich über meine Füße nach oben. Ich konnte nicht mehr.

In diesem Augenblick bemerkte ich sie, die Jungs aus meiner Klasse,
15 im Kreis, ganz unten. Einer von ihnen schrie: „Los, Dubosc, halt dich fest!" Also versuchte ich es noch einmal. Schweißtropfen ließen mir den Blick verschwimmen. Meine Hände brannten. „Du-bosc! Du-bosc!" Sie schrien, um mich zu unterstützen. Siebter Zug. Ich wollte loslassen. Ich hatte das Gefühl, ohnmächtig zu
20 werden. Sie machten mir Mut. Nur noch zwei Züge. Ich spuckte erst in die eine Hand, dann in die andere. Nur noch ein einziger Zug. „Los! Looos! Loooooooossss!" Sie waren außer Rand und Band. Ich erreichte das Ende des Seils. Unter mir der helle Wahnsinn. Ich weinte vor Freude und vor Schmerz.

Anna Gavalda

▶ David ist kein guter Schüler, aber für seinen Opa meistert er alle Schwierigkeiten.

Gesund und fit

Was hat Frau Pumpel eingekauft?

Sie geht gebückt. Sie keucht und schnauft.
Ein dicker, prall gefüllter Sack
wippt auf dem Rücken huckepack.
Den schleppt sie in ihr Giebelhaus
5 und schüttelt ihn. Was fällt heraus?
Sechs Kilometer Hühnerklein,
zwei Schaufeln Muskatellerwein,
zehn Zentimeter Erdbeereis,
ein Hektoliter Puddingreis,
10 drei Bogen Zucker, Pfeffer, Salz
und Senf in Tüten ebenfalls
und siebzehn Tropfen Räucherlachs
und dreizehn Tafeln Bohnerwachs
und zwanzig Röllchen Kräutertee
15 und fünfzehn Stangen Malzkaffee.
Zwei Literflaschen Sahnequark,
neunzehn Schachteln Tomatenmark,
verschiedene Scheiben Erdnussöl
und hundert Tuben Weizenmehl,
20 vier Löffel Käse, frisch gezapft
und sieben Ballen Apfelsaft
und Vollmilch, an die dreißig Pfund,
und Eier, etwa fünfzig Bund,
und Blütenhonig, sechzehn Stück,
25 zwölf Dosen eingekochtes Glück,
und Zahncreme, vierundzwanzig Paar,
und acht Minuten Kaviar
und ganz am Ende, ganz am Schluss,
drei Wochen Schokoladenguss.

Rosemarie Neie

Gesund und fit

Rezept für Müslikugeln

Das brauchst du für etwa 20 Kugeln:

100 g Haferflocken
100 g gehackte Haselnüsse
100 ml warme Milch
100 g Kokosflocken
1 Esslöffel Leinsamen
2 Esslöffel Honig

So wird es gemacht:

1. Vermische alle Zutaten in einer Schüssel.
   Lass die Mischung 30 Minuten ziehen.
2. Heize den Ofen auf 170°C vor.
3. Knete aus der Masse walnussgroße Kugeln.
4. Lege sie auf ein Backblech, das du mit Backpapier ausgelegt hast.
5. Backe die Kugeln 20–25 Minuten im Ofen.

Der Spitzensportler

Im Fitnessraum der Familie Lehr war alles vom Feinsten: die Hantelbank, die Sprossenwand und der Crosstrainer, der selbstverständlich mit Computer und Pulsmesser ausgestattet war. Außerdem gab es in dem Raum noch ein kleines Trampolin. Darauf
5 hockte Yannick, in Shorts und T-Shirt, ein Schweißband um den Kopf, und war in ein Buch vertieft. Es handelte von Geheimcodes und Entschlüsselungsmethoden und war so interessant, dass Yannick sich nicht losreißen konnte. Irgendwann schaute er auf die Uhr.

10 „Schon so spät!" Gleich würde sein Vater hier auftauchen! Und Yannick hatte noch überhaupt nicht trainiert, obwohl er seinem Vater versprochen hatte, jeden Tag mindestens eine halbe Stunde lang den Crosstrainer zu benutzen.

Voller Panik versteckte er sein Buch unter der Gymnastikmatratze
15 und rannte in den Nebenraum, in dem sich eine Dusche und eine Toilette befanden. Schnell benetzte Yannick seine Haare und sein T-Shirt mit Wasser, sodass es aussah, als hätte er geschwitzt. Vor dem Spiegel rieb er sich die Wangen rot. Dann lief er zurück in den Fitnessraum, sprang auf den Crosstrainer, befestigte den
20 Pulsmesser an seinem Ohrläppchen und fing an zu treten.

Gesund und fit

Als Yannicks Vater zwei Minuten später den Fitnessraum betrat, machte Yannick ein so konzentriertes Gesicht, als sei das Training das Wichtigste auf der Welt. Herr Lehr nickte zufrieden. „Wie lange?", fragte er seinen Sohn.

„35 Minuten", log Yannick, während das Display gerade mal 2 Minuten und 15 Sekunden anzeigte. „Bin fertig." Schnell wechselte er das Programm, damit sein Vater den Betrug nicht merke.

„Was machst du jetzt noch?", erkundigte sich Herr Lehr.
„Ich will meine Fitnessnote wissen", antwortete Yannick. Der Computer zählte, um wie viele Schläge sich Yannicks Puls innerhalb einer Minute verlangsamte, und errechnete daraus seinen Fitnesszustand.
„Und?", fragte Herr Lehr.
Der Computer zeigte die Note 4,2 an. „1,5", sagte Yannick und drückte schnell auf den Reset-Knopf. Damit waren alle verräterischen Spuren gelöscht. Er sprang vom Gerät und keuchte ein wenig.

„Prima!", meinte sein Vater. „Ich sag's ja: In dir steckt ein Spitzensportler!" Er klopfte ihm auf die Schulter. Yannick senkte den Kopf. Er hatte ein schlechtes Gewissen, weil er seinen Vater anschwindelte. Aber wenn Papa erfahren hätte, dass er die meiste Zeit mit Lesen zugebracht hatte, würde es sicher wieder ein Riesentheater geben.

Marliese Arold

Das Gedicht von den unsteten Dingen

Das Gedicht von den unsteten Dingen

es geht bergab   es geht bergauf

es geht herab   es geht hinauf

es geht zick zack   und geht kreuz und quer

mal geht es hin   mal geht es her

jetzt geht es grad

jetzt geht es krumm

jetzt geht es immer rundherum jetzt geht es immer rundherum jetzt geht es immer rundherum jetzt geht es immer rundherum jetzt geht es immer rundherum jetzt geht es immer rundherum jetzt geht es immer rundherum jetzt geht es immer rundherum

Brigitte Peter

Oben!

```
                    O b e n ! Endlich oben! Ganz    o
                        n                           o
                    engta                           o
                        r                           o
                    puhst                           o
                        n                           o
                    teige                           o
                        s                           o
                    eppen                           o
                        r                           o
                    ngutT                           o
                        u                           o
Da rauf? Ach je! N                                  oh!! Wer hat mich da gestoßen??
```

Winfried Ulrich

Kleine Turnübung

Aufgezwackt und hingemotzt,
angezickt und abgestotzt,
jetzt die Kipfe auf die Bliesen
langsam butzen, tapfen, schniesen
dreimal schwupf dich
knitz dich
lüpf
siehstewoll – da flatzt der Büpf.

Hans Adolf Halbey

Fit für den „Sponsored Walk"

Tara und ihre Klasse haben eine tolle Idee, um Geld für Kinder in Afrika zu sammeln: Sie wollen einen „Sponsored Walk" veranstalten:

Am Donnerstagvormittag sollten alle Kinder aus unserer Klasse um den Sportplatz marschieren, sooft sie konnten. Oder laufen. Aber vorher sollten wir uns alle ganz viele Leute suchen, die uns für jede Runde fünfzig Cent geben wollten oder zehn Cent. Und wenn wir viele Runden schaffen, haben wir auch viel Geld verdient, hat unsere Lehrerin gesagt. Das können wir dann spenden. Dann hat sie jedem Kind in der Klasse eine Liste gegeben, mit der sollten wir zu Erwachsenen gehen, die wir kennen, und sie fragen, wie viel sie für eine Runde bezahlen wollen. Meine Liste sah so aus:

Sponsored Walk der Klasse 3a		
Name des Schülers/der Schülerin: TARA		
Name des Sponsors	Betrag pro Runde	Unterschrift
1.		
2.		
3.		

Beim Mittagessen habe ich Mama die Liste gezeigt. Sie hat gesagt, das ist eine super Idee. „Wenn ich dir 50 Cent für jede Runde gebe?", hat sie gefragt. „Ist das gut?"
Ich habe gesagt, dass das sehr gut ist. Dann habe ich bei „Name des Sponsors" Mama hingeschrieben und bei „Betrag" 50 Cent. Mama hat bei „Unterschrift" unterschrieben.

Gesund und fit

Tienekes Mutter wollte Tieneke auch 50 Cent für jede Runde geben, und bei mir hat sie 30 Cent eingetragen. Danach haben wir bei Mama geklingelt, damit sie bei Tieneke auch 30 Cent eintragen konnte. Sonst ist es ja ungerecht. Da konnten wir noch bei Voisins klingeln. „Die schreien uns nur an!", hat Tieneke gesagt. Aber ich habe gesagt, weil es für die armen Kinder ist, müssen wir es versuchen.

Als ich geklingelt habe, hat Frau Voisin zuerst ein ganz böses Gesicht gemacht. Darum habe ich ihr ganz schnell erklärt, dass es für die armen Kinder in Afrika ist. „Kann ich die Liste mal sehen?", hat Frau Voisin gefragt. „O ja, da ist ja tatsächlich ein Schulstempel drauf." Ich weiß nicht, warum der Stempel so wichtig war, aber Tieneke und ich durften beide „Voisin" aufschreiben, und dann hat Frau Voisin „1 Euro" dazugeschrieben. Und die Unterschrift. Ich hab ihr vorsichtshalber noch mal erklärt, dass sie dann einen Euro für jede Runde bezahlen muss, nicht für das Ganze. Frau Voissin hat aber gesagt, ja, klar, das weiß sie schon. Aber weil es für einen guten Zweck ist, gibt sie das Geld gerne.

Dann haben wir noch bei Oma und Opa Kleefeld geklingelt. Am Ende sollten wir beide für jede Runde 2 Euro 80 kriegen! Ich verstehe überhaupt nicht, warum Papa immer sagt, Geldverdienen ist schwer.

Kirsten Boie

Tiergeschichten

Franz Marc

Tiergeschichten

Begegnung

Fern im heißen Indien
schritt ein Tiger leis dahin.
Da kam ein Herr aus Degerloch,
der Tiger schritt viel leiser noch.

5 Tipp mit dem Finger auf das Buch ganz fein:
Tipp, tipp, es kann gar nicht leis genug sein!
Fast nicht zu hören: Tipp, tipp – so still
kann ein Tiger gehen, so leis, wenn er will.

Jetzt poch mit der Faust auf den Tisch ganz schwer:
10 So stapfte der Mann durch die Gegend daher.
Poch, poch: der Mann aus Degerloch!
Was wird geschehen? Wir hören es noch.

Sie sahen sich an und nickten sich zu.
Man grüßt sich doch! Was dachtest du?
15 Dann schritten sie heiter weiter fort,
der eine nach da, der andre nach dort.

Josef Guggenmos

Schneeleoparden

Schneeleoparden sind Hochgebirgskatzen. Sie leben in Asien im Gebirge von Kirgisistan bis zum Himalaja, dem höchsten Gebirge der Welt. Schneeleoparden können bis in Höhen von 6600 m überleben.

5 Das Weibchen bringt im April oder Mai zwei bis drei Junge zur Welt. Die Mutter säugt sie bis in den Oktober hinein. Die Jungtiere bleiben etwa ein Jahr bei ihrer Mutter.

Schneeleoparden wiegen 35 bis 40 kg. Ihr Fell wird auf der Bauchseite bis 12 cm lang. Es ist weißlich bis gelblich grau und
10 hat schwarze Ringflecken mit Tupfen. Über den ganzen Rücken verläuft ein schwarzer Streifen. So ist ein Schneeleopard zwischen Fels, Schnee und Eis kaum zu sehen. Die Menschen nennen ihn den „Geist der Berge". Seine behaarten Pfoten schützen ihn vor Eis und Schnee und verhindern, dass er zu tief im Schnee einsinkt.

Tiergeschichten

15 Schneeleoparden sind die am stärksten bedrohten Großkatzen der Erde. Ihr schönes Fell wird ihnen zum Verhängnis. Für einen Pelzmantel müssen 16 Tiere sterben. Ihre gemahlenen Knochen dienen in der traditionellen chinesischen Medizin als Heilmittel.

Der Naturschutzbund Deutschland (NABU) hat ein Programm
20 gestartet, um die letzten Schneeleoparden in Kirgisistan zu schützen. Wildhüter befreien Schneeleoparden aus Fallen und bringen sie in riesige eingezäunte Gehege. Dort pflegt man sie gesund und entlässt sie wieder in die Freiheit.

In dem riesigen Gehege haben die Schneeleoparden so viel Platz,
25 wie sie wollen. Und niemand stört sie. Mit ihrem gelblich grauen Fell sind sie gut getarnt.

Ingrid Messelken

Die Schneelawine

Es wurde kälter. Der Himmel war gräulich weiß, und die Stille war anders als sonst. Dann fielen Flocken, so dicht, dass man die nahen Felsen nicht mehr erkennen konnte. Auf ihrem Weg ins Tal mussten die drei Schneeleoparden ein Schneefeld überqueren. Die Mutter wagte sich zuerst auf die rutschige Fläche, dann Siri, zuletzt Simi. Plötzlich hörten sie ein lautes Grollen. Etwas Gefährliches näherte sich. Sie rannten und sprangen, so schnell sie konnten.

Auf einmal war das Große, Weiße da. Es nahm Simi den Atem, es brauste in seinen Ohren. Seine Schwester und seine Mutter waren verschwunden. Simi sprang – und hatte plötzlich keinen Boden mehr unter den Pfoten. Das Große, Weiße war jetzt überall: unten, oben, auf allen Seiten, ja in ihm drin, in seinen Ohren, seinen Augen, seiner Nase, seinem Maul. Immer schneller wurde Simi gestoßen und herumgewirbelt. Dann wurde alles dunkel um ihn.

Es war kalt und eng. Es tat weh, zu atmen. Simi dehnte seine Glieder und bewegte sich. Er wollte nicht gefangen sein, er wollte atmen können. Er brauchte Luft, Luft! Simi zappelte, kratzte und scharrte. Er wusste nicht, wo oben und wo unten war, aber er bewegte sich vorwärts. Schmerzen spürte er nicht. Sein Körper drängte hinaus, ins Freie. Er atmete die frische Luft und sah über sich den Himmel. Erschöpft kroch er unter einen Busch und schlief sofort ein. Morgen würde er sich auf den Weg machen zurück zur Mutter.

Nicole Poppenhäger

Tiergeschichten

Katzen-Spiele

Als Herr Matz
die Katze
von ihrem Platze
auf der Matratze
5   vertrieb,
beschloss die Katze,
vor Wut am Platzen,
Herrn Matz
zu besteigen
10 und ihm mit der Tatze
die Glatze
zu zerkratzen.
Doch ließ sie es bleiben
und war lieber lieb.

Josef Guggenmos

Es schleichen die schnurrenden Katzen
kaum hörbar auf samtenen Tatzen
auch Pfoten genannt
und zu spät oft erkannt
von Amseln und Mäusen und Spatzen.

Brigitte Peter

„Nimm die Pfoten weg, ich platze!",
sagt der Luftballon zur Katze.

Frantz Wittkamp

Der Löwe

Als die Biene zum ersten Mal einen Löwen brüllen hörte, da sprach sie zur Henne: „Der summt aber komisch."
„Summen ist gut", fand die Henne.
„Wieso?", fragte die Biene.
„Er gackert", antwortete die Henne, „aber das tut er allerdings komisch."

Günther Anders

Der Löwe und der Bär

Der Löwe und der Bär hatten ein Hirschkalb gefunden und stritten sich darum. Sie gingen heftig aufeinander los, bis sie nicht mehr konnten und halbtot auf die Erde fielen.
Da kam der Fuchs vorbei und sah die beiden Streithähne erschöpft am Boden liegen. Schnell packte er das Hischkalb. Der Löwe und der Bär konnten sich nicht mehr rühren und mussten hilflos zusehen, wie der Fuchs mit ihrer Beute verschwand.
Der Bär sagte zu dem Löwen: „Wir Dummköpfe haben uns völlig umsonst abgekämpft und dem Fuchs eine billige Mahlzeit besorgt."

Aesop

74

Der Affe und der Büffel

Ein kleiner Affe saß auf einem Baum und musterte einen großen Wasserbüffel, der im Gras lag und schlief. „Den will ich ein wenig ärgern", dachte der Affe. Er nahm einen langen Grashalm und kitzelte den Büffel, zuerst an den Ohren, dann in der Nase. Aber das große Tier ließ sich nichts anmerken und schlief weiter.

Dann nahm der Affe kleine Steine und bewarf den Büffel damit, doch der wandte nur den Kopf ab und schlief weiter. „Wird dieser Idiot denn gar nicht wach?", ärgerte sich der Affe. Er kletterte auf eine Kokospalme. Bing-bong und ding-dong, ließ er die Nüsse auf den Büffel fallen, der sich ruhig erhob, zwei Meter weiterging und sich wieder hinlegte.

Der Affe ärgerte sich so sehr, dass er beschloss, den Büffel jeden Tag zu triezen. Nie mehr ging er an ihm vorbei, ohne ihn am Schwanz zu ziehen, ihn mit einem Zweig zu schlagen oder mit Steinen zu bewerfen.

Der Löwe fragte den Büffel: „Warum lässt du dir das gefallen? Du bist doch das stärkste Tier der Welt. Warum schleuderst du den kleinen Affen nicht weit weg, damit er aufhört, dich zu quälen?" „Der Affe ist so klein", erwiderte der Büffel. „Und die Natur hat ihm nicht viel Verstand geschenkt. Warum sollte ein so großes Tier wie ich ein so kleines Wesen bestrafen?"

Thomas Winding

Bertolt Biber

Alarm! Hier spricht die Polizei:
Bertolt Biber, der ist frei!
Ist aus einem Zoo entwichen,
hat sich in die Stadt geschlichen,
5   wo er seitdem klaut und frisst,
dass es nicht zu glauben ist.
Hundertzwanzig Streuselkuchen
sind verschwunden, und wir suchen
außerdem ein ganzes Fass
10 Honig, siebzig Ananas,
tausend Tafeln Schokolade,
neunzig Eier, und gerade
hören wir, es fehlt noch mehr:
ob Schokokuss, ob Gummibär,
15 ob Marzipan, ob Früchtebrot,
ob Speiseeis, ob Obstkompott,
ob groß, ob klein, ob heiß, ob kalt –
Bertolt macht vor gar nichts halt.
Drum lasst ihn nicht in eure Wohnung!
20 Tausend Euro als Belohnung
winken dem, der ihn ergreift
und zur nächsten Wache schleift.
Seid so gut, schafft ihn herbei!
Schönen Dank! Die Polizei!

Robert Gernhardt

Wildschweine in Reinickendorf

(Berlin) Eine Rotte von Wildschweinen treibt sich seit zwei Monaten im Wohngebiet in Tegel herum. Die Tiere haben bei ihren Ausflügen in die Vorgärten bisher kaum Schäden verursacht. Trotzdem sind sie für Revierförster Korn zum Dauerproblem geworden.
Die Polizei musste vor kurzem den Waidmannsluster Damm sperren, da die Wildschweine auf der Straße herumliefen. „Die sind total aus dem Tritt", sagte Revierförster Korn. Normalerweise würden sich die Schwarzkittel tagsüber im Wald verstecken und erst in der Dämmerung auf Nahrungssuche gehen. *(db)*

Das Wildschwein und das Zahmschwein

Ein Wildschwein und ein Zahmschwein sahn
durch eines Zaunes Loch sich an.
Das Zahmschwein (anders als das Wild-)
hielt jenes für sein Spiegelbild.
Hinwieder dies verächtlich spie
auf sein rasiertes Vis-à-vis.
Das Zahmschwein wandte sich empört
aus seiner Illusion gestört.
Die Wildsau lief berechtigt stolz
ins nächstgelegne Unterholz.

Christian Morgenstern

Vis-à-vis: Gegenüber
Illusion: trügerische Vorstellung

Winn-Dixie

Im letzten Sommer schickte mich mein Vater in den Supermarkt, um eine Packung Makkaroni zu kaufen. Zurück kam ich mit einem Hund. Und das kam so:

Ich ging in die Gemüseabteilung von Winn-Dixies Supermarkt.
5 Da stand der Filialleiter, schrie, fuchtelte mit den Armen und rief immer wieder: „Wer hat den Hund reingelassen? Wer hat diesen dreckigen Hund reingelassen?"
Zuerst hab ich gar keinen Hund gesehen. Nur jede Menge Gemüse, das über den Boden rollte. Und Heerscharen von Winn-Dixie-
10 Angestellten, die herumstanden.
Dann kam der Hund um die Ecke geschossen. Schleudernd kam er zum Stehen und lächelte mich an. Ich hatte noch nie in meinem Leben einen Hund lächeln sehen, aber genau das tat er. Er zog seine Lippen zurück und zeigte all seine Zähne. Dann wedelte
15 er so heftig mit dem Schwanz, dass er ein paar Orangen von einem Ständer fegte. Die Orangen rollten in alle Richtungen. Der Filialleiter schrie: „So halte doch einer den Hund fest!" Der Hund lief zu dem Filialleiter hin, wedelte mit dem Schwanz und lächelte. Dann stellte er sich auf die Hinterbeine. „Bitte", schrie der
20 Filialleiter. „Es muss einer den Hundefänger holen."
„Halt!", rief ich. „Nicht den Hundefänger! Das ist mein Hund!" Alle Winn-Dixie-Angestellten drehten sich zu mir um und starrten mich an. Mir war klar, ich hatte etwas Unglaubliches getan, vielleicht auch etwas Dummes. Aber ich konnte nicht zulassen,
25 dass dieser Hund eingefangen wurde. „Bei Fuß, Junge", sagte ich. Der spitzte die Ohren und sah mich an, als versuchte er sich zu erinnern, woher er mich kannte.

Tiergeschichten

„Bei Fuß, Junge", wiederholte ich. Und dann fiel mir ein, dass der Hund – genau wie jeder Mensch – vielleicht gern bei seinem Namen gerufen werden wollte. Nur dass ich seinen Namen nicht wusste. Also sagte ich das Erste, was mir einfiel. Ich sagte: „Bei Fuß, Winn-Dixie." Und der Hund trottete zu mir herüber, als ob er sein Leben nichts anderes getan hätte.

Der Filialleiter sah mich böse an. „So heißt er", sagte ich. „Ehrlich." Der Filialleiter sagte: „Weißt du nicht, dass Hunde im Supermarkt verboten sind?" „Doch, Sir, er ist aus Versehen hier reingekommen. Tut mir leid. Es wird nicht wieder vorkommen. Komm, Winn-Dixie", sagte ich zu dem Hund.

Ich ging los und er folgte mir den ganzen Weg aus der Gemüseabteilung und durch die Kassen zur Tür hinaus. Als wir draußen in Sicherheit waren, schaute ich ihn mir genauer an. Er sah wirklich nicht gut aus. Er war groß, aber mager, seine Rippen staken hervor. Und überall hatte er kahle Stellen im Fell. Im Großen und Ganzen sah er aus wie ein alter brauner Teppich, den man im Regen draußen vergessen hatte.

„Du siehst ja richtig schlimm aus", sagte ich ihm. „Ich wette, du gehörst zu niemandem." Er lächelte mich an. Er machte das genau wie vorhin, indem er die Lippen zurückrollte und mir seine Zähne zeigte. Er lächelte so doll, als ob er sagen wollte: „Ich weiß, dass ich schlimm aussehe. Ist das nicht saukomisch?"

In einen Hund, der Sinn für Humor hat, muss man sich ganz einfach verlieben. „Komm mit", sagte ich. „Schauen wir mal, was Papa zu dir meint." Und dann gingen wir beide, Winn-Dixie und ich, nach Hause.

Kate DiCamillo

Woher die Tiere ihre Namen haben

Die Kuh heißt „Kuh", weil sie so aussieht.

Die Katze heißt „Katze", weil sie aussieht, wie andere Tiere, die so heißen. Eine Katze, die „Katze" hieß, hätte viel lieber „Maus" geheißen. Da aber Maus schon so hieß, und zwar schon sehr lange, musste die Katze ihren Namen behalten, damit es keine Verwechslungen gab.

Der Name „Papagei" kommt aus dem Indianischen und bedeutet: Lass mich doch mal ausreden, ja!

Das Reh heißt im Grunde gar nicht „Reh", sondern ganz anders. Sein Name ist so lang und so schwer auszusprechen, dass niemand ihn behalten hat. Hätte ihn jemand behalten, so würde es heute noch heißen, wie es wirklich heißt. „Reh" sagt man zum Reh bloß, weil das einfacher ist.

Das Wort „Krokodil" kommt aus dem Ägyptischen und heißt dort: Hu, noch einmal Glück gehabt!

Jürg Schubiger

Nachmittag einer Schlange

Eine Schlange
lag im Wiesenschaumkraut
am Weiher
und machte aus sich selbst
5   einen Dreier.

Danach
lag sie im Sechser,
als Neuner,
als Null
10 und zuletzt als Brezel
im Sonnenschein.

Josef Guggenmos

Dreizehn Drachen

Vor dem Kamin stehn dreizehn Drachen,
um dort ein Feuer zu entfachen.
Immer geht das Feuer aus.
Nach Stunden finden sie heraus,
dass einer anders ist als alle:
Er spuckt Wasser und heißt Kalle!

Andreas Röckener

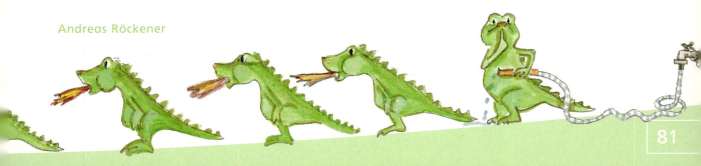

Der Komodo-Waran

Die Vulkaninsel Komodo liegt im südostasiatischen Meer. Dort entdeckten Perlenfischer vor ungefähr hundert Jahren eigenartige Lebewesen, die sie noch nie gesehen hatten: riesige Echsen, die sie an Drachen und Krokodile erinnerten, die sie „Landkrokodil"
5   oder „Drachen" nannten.

Man gab diesen größten Echsen der Erde den Namen „Komodo-Waran". Komodo-Warane werden bis zu 3,50 m lang, wiegen bis 135 kg und haben scharfe Krallen, mit denen sie auf jeden Baum klettern können. Außerdem können sie schwimmen und tau-
10 chen. Mit ihrem langen Schwanz können sie sogar einen starken Wasserbüffel erschlagen. Mit ihrer langen gespaltenen Zunge wittern sie Aas bis auf eine Entfernung von 5 km.

Tiergeschichten

Am liebsten frisst der Komodo-Waran Aas. Vom verwesten Fleisch ist sein Speichel voller Bakterien. Aber der Komodo-Waran reißt auch lebende Tiere. Nachdem er seine scharfen Sägezähne in die Beute geschlagen hat, wartet er, bis das Tier verblutet ist oder an einer Blutvergiftung stirbt.

Die schuppige Haut des Komodo-Warans ist faltig, lehmgelb, graugrün oder auch pechschwarz. Im Frühjahr häutet er sich. Das Weibchen gräbt Sand- oder Erdlöcher und legt etwa zwanzig Eier hinein. Nach sieben bis neun Monaten schlüpfen die Jungen. Sie sind Nestflüchter und leben sofort selbstständig.

Komodo-Warane sind die letzten fleischfressenden Dinosaurier. Heute gibt es auf der Insel Komodo einen Nationalpark. Da leben die Warane vor Wilderern geschützt.

Han Gan und das Wunderpferd

Von Sonnenaufgang bis zum Anbruch der Dunkelheit zeichnete Han Gan und konnte gar nicht mehr damit aufhören. Am liebsten zeichnete er Pferde – und je lebendiger sie aussahen, desto zufriedener war er.

5 Als er einmal tief in der Nacht bei der Arbeit saß, kam ein berühmter Krieger zu ihm. „Niemand darf erfahren, dass ich hier war", sagte er zu Han Gan. „Der Feind steht vor den Toren der Stadt. Morgen muss ich gegen ihn in den Kampf ziehen. Ich habe gehört, dass keine Pferde besser sind als deine, und es heißt sogar, dein 10 Zauberspiegel kann sie zum Leben erwecken. Bist du imstande, für mich das feurigste und stärkste Schlachtross zu malen, das es je gegeben hat?"

„Ich will es versuchen", sagte Han Gan.

Er setzte all sein Können ein, doch das Pferd, das er zeichnete, 15 wirkte nicht im Geringsten lebendig. „Mach weiter", drängte ihn der Krieger, „ich brauche das Pferd um jeden Preis."

„Ich würde dir wirklich gern helfen, aber das Bild hier taugt nichts", sagte Han Gan. „Ins Feuer damit!" Kaum hatte er das Blatt ins Feuer geworfen, sprang ein prächtiges Schlachtross daraus her-
20 vor. Mit einem Satz schwang sich der Krieger auf den Rücken des feurigen Tieres und verschwand mit ihm in der Finsternis.

„Sei gut zu meinem Pferd!", rief Han Gan ihm noch nach. Doch das hörte nur der Mond.

84

Tiergeschichten

Das Pferd brauchte weder Wasser noch Futter oder gar eine Rast. Im Galopp flog es dahin, und seine Hufe berührten den Boden kaum. Noch nie hatte sich der Krieger so stark gefühlt. Mit diesem Pferd war er nicht nur stark, sondern unbesiegbar. Selbst im dichtesten Schlachtgetümmel konnten kein Pfeil und keine Lanze ihn oder sein Pferd verwunden. So eilte er von Sieg zu Sieg.

Aber das genügte dem Krieger nicht. Er wollte immer weiter kämpfen, bis kein einziger Feind mehr am Leben war. Beim Anblick der Schrecken des Krieges, der so entsetzliches Leid über Menschen und Tiere brachte, kamen seinem Pferd die Tränen. So warf es seinen Reiter mitten auf dem Schlachtfeld ab und stürmte, von Blut bedeckt, im gestreckten Galopp davon. Nichts und niemand konnte es aufhalten.

Voller Verzweiflung suchte der Krieger viele Tage und Wochen hindurch nach seinem Pferd. Schließlich kam er eines Morgens im Herbst zu Han Gan. „Das Pferd, das du mir gegeben hast, ist verschwunden", sagte er, „weißt du, wo es ist?"
„Ja", sagte Han Gan. „Siehst du das Bild da? Ich hatte fünf Pferde gemalt. Als ich eines Morgens aufwachte, waren es auf einmal sechs. Dort auf meinem Bild lebt es jetzt mit seinen Freunden, und es geht ihm gut dabei."

Chen Jianghong

Miteinander leben

Keith Haring

Miteinander leben

Kissenküssenkampf

Zum Tauziehen hab ich keine Lust,
doch zum Umarmen Brust an Brust,
wenn jeder schmust und keiner zerrt,
wenn jeder kichert, keiner plärrt,
und wenn im Kampf nur Kissen fliegen,
wenn jeder knuddelt und Küsse kriegt
und niemand mehr den anderen besiegt.

Shel Silverstein

Ein Zwilling für Leo

Ich heiße Leopold, aber alle nennen mich Leo. Ich bin ein Einzelkind. Wirklich ganz allein. Und für meine Eltern bin ich der einzige, der Dummheiten macht, und wenn sie mich ausschimpfen, dann ist keiner da, mit dem ich das teilen kann. Als Einzelkind
5 hat man es im Leben schwer. Ich will einen Zwillingsbruder.

Mein Freund kennt die Probleme nicht, die man als Einzelkind hat. Er hat vier Brüder und fünf Schwestern.

Ich habe bei ihm an der Tür geklingelt, und wer ist sofort aufgetaucht? Seine Schwestern. Seine Schwestern sind winzig klein und
10 haben Zöpfe. Im Wohnzimmer saß seine ganze Familie, mindestens fünfzehn Personen, die haben Tee getrunken, laut durcheinandergeredet, Fernsehen geguckt, ein paar haben Mensch-ärgere-dich-nicht gespielt, und seine Mutter stand am Herd und kochte. Alles war voller Lärm und Getöse, aus den Töpfen stiegen
15 Essensdüfte und im Hintergrund plärrte das Radio.

Miteinander leben

Wenn das bei mir zu Hause auch so wäre, dachte ich, dann würde ich mich vielleicht nicht immer so langweilen, wenn es regnet. Mein Freund holte seine Sporttasche und wir sind gegangen. Seine Schwestern haben sich an uns geklammert und wollten wissen, wohin wir gehen und ob sie nicht mitkommen können.

Unterwegs hat er ausgepackt: „Ich hab die Nase voll … Kriege kaum noch Luft mit meinen Schwestern … Sie kleben an mir wie die Kletten. Und meine Brüder bauen ständig Scheiß. Immer gibt's Ärger. Bei dem Chaos kann ich nicht mal richtig meine Hausaufgaben machen! Ich hab die Nase gestrichen voll … von meiner Familie und überhaupt von allem! Du weißt gar nicht, wie das ist, du hast es gut, du bist allein."

Sébastien Joanniez

Der Wutkuchen

Christian kommt von der Schule nach Hause. Er knallt die Flurtür zu und haut seinen Schulranzen in die Ecke. „Ich hab eine Wut! So eine Wut!", schreit Christian. Erst will Christian nichts sagen. Dann erzählt er aber doch von dem furchtbaren Tag heute.

5 Erst hat er vergessen, dass sie ein Gedicht auswendig lernen sollten. Nicht mal drei Zeilen von dem Gedicht konnte er aufsagen, und die anderen aus der Klasse haben auch noch gelacht. In der Pause hat er dann Lukas gefragt, ob er heute Nachmittag zum Spielen zu ihm kommt. Aber Lukas hatte keine Zeit. Auf dem
10 Heimweg kam es dann ganz schlimm. Da hat ihm nämlich Kai aus der vierten Klasse die Mütze vom Kopf gerissen und über einen Gartenzaun geworfen.

„Ich weiß ein gutes Mittel gegen Wut", sagt Mama. „Wir backen einen Kuchen, einen Rührkuchen. Und du darfst rühren." „Das
15 soll helfen?", fragt Christian. „Klar!", sagt Mama. „Kennst du das Sprichwort: ‚Wenn wir die Wut in den Kuchenteig rühren, ist von der Wut nichts mehr zu spüren'?" Jetzt lacht Christian: „Das hast du gerade erfunden!" „Kann schon sein, aber es hilft."

Als der Kuchen fertig ist, will Christian ihn gleich anschneiden.
20 Aber Mama sagt: „Wir müssen noch ein bisschen warten. Erst muss der Kuchen kalt werden." Später sitzen Christian und Mama am Tisch, sie essen den Kuchen und trinken Kakao. Der Wutkuchen schmeckt lecker.

Paul Maar

90

Miteinander leben

Wutspruch

Krokodil und Krokodill,
erstens brüll ich, wann ich will!
Krokodil und Krokodiller,
zweitens brüll ich immer schriller!
**Krokodiller, Riesenzahn,
drittens fange ich erst an!**
Riesenzahn und Krokodil,
nachher bin ich
wieder still.

Gerald Jatzek

Nach dem Streit

Nach dem Streit
tut's mir leid.
Trotzdem:
Mir den Rüssel verknoten,
das ist verboten.

Heinz Janisch

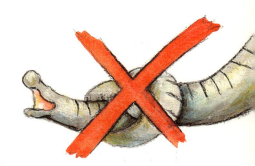

Herbst im Kopf

Mama hat mir das neulich mal erklärt. „Stell dir vor", sagte sie, „Oma Annis ganzes Leben wäre ein großer Baum!"

Und genau das habe ich getan. Ich habe mit Mama auf einem großen Papier einen langen Baumstamm für Oma Annis Leben gemalt. Ganz unten über der Erde, wo der Baum gerade erst anfängt, haben wir die Zweige und Blätter gemalt, die gewachsen sind, als Oma Anni ein Kind war. Mama hat „Schule" und „Ferien am Meer" auf die einzelnen Blätter geschrieben und eben so Dinge, die Oma Anni als Kind gemacht hat.

Dann, etwas weiter oben, haben wir auf die Blätter die Dinge geschrieben, die Oma Anni gemacht hat, als sie schon etwas älter war. „Universität" hat Mama auf ein dickes Blatt geschrieben, und ich habe ein großes Haus daneben gemalt, damit man sehen kann, dass es eine wichtige Zeit für Oma Anni war.

Und noch etwas weiter oben haben wir Opa Richard und eine Hochzeit auf ein Blatt gemalt und auf das nächste meine Mama als Baby. Und danach all die Menschen und Sachen, die für Oma Annis Leben wichtig waren.

So haben wir den Baum immer weiter gemalt. So lange, bis wir ganz oben angekommen sind, wo wir auf das letzte Blatt Oma Anni in ihrem kleinen Dachzimmer bei uns im Haus gemalt haben. Der Baum sah toll aus!

Miteinander leben

Aber als Mama und ich fertig waren, verstand ich immer noch nicht, warum Oma Anni so viele Dinge noch weiß, die schrecklich lange her sind, aber eben Dinge, die gerade eben passiert sind, sofort wieder vergisst.

„Stell dir das so vor", sagte meine Mama, „bei Oma Anni ist jetzt Herbst im Kopf. Von ihrem Lebensbaum fallen die Blätter ab. Von Monat zu Monat mehr. Aber sie fallen nicht überall gleichzeitig ab, sondern als Erstes fallen die obersten ab. Und dann erst die, die darunter hängen. Und immer weiter so. Am festesten sitzen die Blätter, die schon am längsten im Baum hängen. Also die von ganz unten."

Ich schaue auf den Baum, den wir gemalt hatten. „Deshalb weiß sie noch so viele Dinge, die passiert sind, als sie jünger war?", fragte ich.
„So ist es", nickte meine Mama. „Der Herbst in Oma Annis Kopf fegt erst die Erinnerungen weg, die am wenigsten lange her sind."
„Und deshalb weiß sie manchmal nicht mehr, was wir ihr fünf Minuten vorher erzählt haben?", fragte ich.
Meine Mama nickte.

Dagmar H. Mueller

12-Jährige als Erpresserinnen

Zwei zwölfjährige Mädchen bedrohten vorgestern nach der Schule einen achtjährigen Jungen und forderten ihn auf, bis zum nächsten Tag 10 Euro zu besorgen. Für den Fall, dass er das Geld nicht beschaffen könne oder sie bei Erwachsenen verraten würde, drohten sie ihm Prügel an. Der Achtjährige vertraute sich seinen Eltern an, die bei der Polizei Anzeige erstatteten. Es stellte sich heraus, dass die beiden schon einige Male zuvor versucht hatten, jüngere Kinder zu erpressen. Die Polizei rät, in jedem Fall Anzeige zu erstatten, auch wenn die Täter noch nicht strafmündig sind.

Miteinander leben

Nein

He, ihr Leute, hört gut zu!
Lasst mich endlich mal in Ruh!
Ich möcht jetzt mal alleine sein,
mit euch nicht reden,
5   ich sag: Nein!

Du willst mich wohl nicht verstehn,
doch so kann's nicht weitergehn.
Ich bin sauer, sieh das ein!
Und jetzt reicht's mir,
10 ich sag: Nein!

Du nimmst ständig was von mir,
doch bekomm ich was von dir?
Das muss nicht mehr länger sein.
Ich entscheide
15 und sag: Nein!

Andre haben oft das Sagen,
aber nicht in allen Fragen.
Dazu bin ich nicht zu klein,
deshalb ruf ich
20 ganz laut: Nein!

Regina Sievert

95

Kann doch jeder sein, wie er will

Alex' Klasse plant einen Wochenendaustausch mit einer Partnerklasse. Heute erhält die Klasse zum ersten Mal Post von den anderen Kindern.

Frau Löscher verteilt die Briefe: An die Jungs immer die Briefe von Jungs, und an die Mädchen die Briefe von Mädchen. Alex liest:

> Hi!
> Ich heiße Robin. Meine Hobbys sind Blockflöte und Ballett. Mein Lieblingsessen ist Spaghetti ohne Soße. Meine Lieblingsfarbe ist Pink mit Schwarz zusammen. Ich habe keine Haustiere. Auch keine Geschwister. Ich sammle Pferdepostkarten. Ich wünsche mir am dollsten ein Pferd. Am süßesten finde ich kleine dicke Ponys. Shettys am liebsten. Was findest Du süß?
> Schreib mir bald wieder!
> Viele Grüße
> Robin

5 „Nee!", sagt Alex und lässt seine Ellbogen auf den Tisch donnern. „Ich krieg' die Krise!" Er starrt ungläubig auf das Blatt mit der ordentlichen Schrift und dem komischen kleinen Tier drunter. Wahrscheinlich soll das eine Kuh sein.

„Was schreibt deiner denn?", fragt Hajo. Hajos Brieffreund hat
10 genauso eine unordentliche Schrift wie Hajo, das sieht Alex auf den ersten Blick. Eine normale Schrift. Und komische Tiere hat er auch nicht gemalt. Wahrscheinlich ist Hajos Brieffreund normal. „Was schreibt *deiner*?", sagt Alex darum. Hajo knallt den Brief vor

96

Miteinander leben

ihn hin. „Fußball", steht da, wenn man es entziffern kann, und
„Eishockey" und „Computerspiele". Hajos Brieffreund ist *wirklich*
normal. „Und deiner?", fragt Hajo wieder. Alex stöhnt. „Lies selber", sagt er.

Als Hajo den Brief gelesen hat, starrt er Alex an. „Der hat einen an
der Waffel", sagt er mitleidig. „Aber echt." Alex nickt. „Ponys!",
sagt er. „Und Pink!" Hajo grinst. „Pferdepostkarten!", sagt er. „Und
Ballett!" „Wenn einer Robin heißt, denkt man doch, der schießt
mit Pfeil und Bogen. Wegen diesem Robin Hood oder wie der
hieß."

„Kann man tauschen?", fragt Alex, als Frau Löscher ihn endlich
drannimmt. „Tauschen?", fragt Frau Löscher verblüfft. „Wie, tauschen?" „Kann ich einen anderen kriegen?", fragt Alex, und als
Frau Löscher die Stirn runzelt, sagt er schnell: „Meiner macht
Ballett."

Da holt Frau Löscher einmal tief Luft. „Das finde ich jetzt nicht
schön von dir, Alex", sagt sie, „dass du deinen Brieffreund ablehnst,
nur weil er ein ungewöhnliches Hobby hat. Es müssen doch nicht
alle Menschen gleich sein! Und es gibt viele weltberühmte männliche Tänzer. Getauscht wird nicht. Nun schreib ihm einfach mal,
dann wird man ja sehen."

Schreiben muss ich ihm wohl, denkt Alex. Aber hinfahren tu ich
nicht. Nie im Leben.

Kirsten Boie

▶ Ob Alex Robin doch noch kennenlernt, erfährst du, wenn du in dem
Buch „Kann doch jeder sein, wie er
will" von Kirsten Boie weiterliest.

Anna Anders

Eines Morgens wachte Mimi Müller auf und wollte eine andere sein. Mimi stand auf und zog sich ganz anders an als sonst. Sie schlich aus dem Haus, schloss die Haustür hinter sich und klingelte. Ihre Mutter öffnete. Mimi sagte: „Guten Morgen, Frau Müller."
5 „Guten Morgen, Mimi", sagte ihre Mutter erstaunt.
„Ich bin nicht Mimi, ich bin Anna Anders, und du musst Anna zu mir sagen, und ich sage Frau Müller zu dir." Frau Müller brauchte einen Moment, um sich daran zu gewöhnen, dass Mimi jetzt eine andere war, dann sagte sie: „Oh, hallo Anna. Schön, dich zu sehen.
10 Komm doch rein."

Herr Müller saß beim Frühstück. „Mimi", sagte er, „ist das die neuste Mode?"
„Das ist Anna Anders", sagte Frau Müller zu ihrem Mann. „Sie kommt uns besuchen."
15 „Aha", sagte Herr Müller und bot Anna einen Platz an.
„Möchtest du vielleicht ein Brötchen mit Erdbeermarmelade?"
„Nein", sagte Anna, „Erdbeermarmelade kann ich nicht ausstehen."
„Ach so", sagte Frau Müller, „das mag wahrscheinlich nur Mimi."
20 „Genau", sagte Anna. „Ich mag Aprikosenmarmelade. Und einen warmen Kakao, bitte."
„Das ist gut, dass du Kakao trinkst", sagte Frau Müller. „Mimi mag überhaupt keine Milch."
„Aber das ist doch wichtig für ihre Knochen",
25 sagte Anna und trank den Kakao in einem Zug aus. „Erzähl das mal Mimi", sagte Herr Müller, und Anna versprach, das gleich bei der nächsten Gelegenheit zu tun.

Doris Dörrie

Miteinander leben

Vom Streiten und Versöhnen

Ich kann sieben Meter weit spucken!
Ich siebzehn.
Kannst du nicht!
Kann ich doch!
5 Angeber!
Selber Angeberin!
Blödmann!
Schreckschraube!
Du bist so was von gemein!
10 Und du bist noch viel gemeiner!
Hornochse!
Speckschwarte!
Mit dir rede ich nie wieder!
Nie wieder in meinem ganzen Leben.
15 Und ich will dich nie mehr sehen.
Bis in alle Ewigkeit nicht!

Und nach der Ewigkeit,
wenn ich dir dann ein Stück Wassermelone schenke?
Ja, dann ... dann ...
20 Dann können wir um die Wette spucken.
Aber wir spucken gleich weit, abgemacht?
Abgemacht.
Obwohl ich weiter spucken kann als du ...
Das glaubst aber auch nur du!

Gerda Anger-Schmidt

Lesedetektive

René Magritte

Dunkel war's, der Mond schien helle

Dunkel war's, der Mond schien helle,
Schnee lag auf der grünen Flur,
als ein Wagen blitzeschnelle
langsam um die Ecke fuhr.

5   Drinnen saßen stehend Leute,
schweigend ins Gespräch vertieft,
als ein totgeschossner Hase
auf der Sandbank Schlittschuh lief.

Und ein blondgelockter Jüngling
10 mit kohlrabenschwarzem Haar
saß auf einer blauen Bank,
die rot angestrichen war.

Von der regennassen Straße
wirbelte der Staub empor.
15 Und der Junge bei der Hitze
mächtig an den Ohren fror.

Beide Hände in den Taschen,
hielt er sich die Augen zu.
Denn er konnte nicht ertragen,
20 wie nach Hering roch die Kuh.

Buchtitelsuchgeschichte

Hier haben sich zehn Buchtitel von Astrid Lindgren versteckt.

Ferien auf Saltkrokan

Gleich am ersten Ferientag unternahmen die Kinder aus Bullerbü einen spannenden Ausflug. Sie trafen sich mit den Kindern aus der Krachmacherstraße am Bahnhof. Gemeinsam fuhren sie nach Saltkrokan.

5   Dort trafen sie Pippi Langstrumpf und Kalle Blomquist. Auf einer alten Schatzkarte hatten sie das Ziel der Wanderung eingezeichnet. Es war die Höhle des Drachen mit den roten Augen. Mit verbundenen Augen führte Pippi die Kinder durch den Wald.

Madita und die Brüder Löwenherz hatten schreckliche Angst. Zum
10 Glück hatten sie Ronja Räubertochter mit, die sie sicher zur Höhle begleitete. Der Drache freute sich sehr über den Ferienbesuch.

Es gab gegrillte Würstchen und Karlsson vom Dach zeigte seine Kunststücke. Am Abend fuhren die Kinder mit dem Schiff weiter ins Taka-Tuka-Land.

Der Wolf und das Lamm

Zum gleichen Bach kamen ein Wolf und ein Lamm. Der Wolf stand
oben am Wasser, um zu trinken, das Lamm ein Stück abwärts, um
zu baden.

Der gierige Räuber suchte Streit: „Warum trübst du mir das Wasser,
das ich trinken will?"

Das Lamm entgegnete zitternd: „Aber das kann gar nicht sein."

Der Wolf gab sich nicht zufrieden: „Vor einem halben Jahr hast
du übel von mir geredet."

„Da war ich noch gar nicht geboren", versetzte das Lamm.

„Dann ist es eben dein Vater gewesen!", schrie der Wolf, und ohne
nach noch mehr Gründen zu suchen, packte er
das Lamm und fraß es.

Aesop

Der Wolf vor dem Richter

Der Wolf stand vor dem Richter. „Ich hatte das Recht, das Lamm
zu töten", verteidigte er sich. „Als ich am Bach trinken wollte,
badete das Lamm ein wenig unterhalb. Es verschmutze mir das
Wasser so sehr, dass ich es nicht mehr trinken konnte."

Da sprach der Richter den Wolf schuldig.

Warum?

Emil wird bestohlen

Emil Tischbein darf die großen Ferien bei seiner Tante in Berlin verbringen und fährt zum ersten Mal allein mit dem Zug. In seiner Jackentasche hat er einen Briefumschlag mit hundertvierzig Mark, die ihm seine Mutter mitgegeben hat.

5   Emil war mit einem Herrn im steifen Hut allein im Abteil. Das gefiel ihm nicht sehr. Er ging auf die Toilette, holte das Kuvert aus der Tasche, zählte das Geld – es stimmte immer noch. Er nahm eine Nadel, die er im Jackettkragen fand, steckte sie erst durch die drei Scheine, dann durch das Kuvert und schließlich durch das
10 Anzugfutter durch. So, dachte er, nun kann nichts mehr passieren. Der Herr hatte es sich in einer Ecke gemütlich gemacht und schlief. Emil war froh, dass er sich nicht zu unterhalten brauchte, und blickte durchs Fenster. Und dabei schlief er ein.

    Als er aufwachte, setzte sich die Bahn gerade wieder in Bewegung.
15 Der Herr im steifen Hut war fort! Er griff sich langsam in die rechte innere Tasche. Die Tasche war leer! Das Geld war weg! Emil weinte. Er weinte wegen des Geldes. Und er weinte wegen seiner Mutter. Er wusste, wie seine Mutter monatelang geschuftet hatte, um die hundertvierzig Mark für die Großmutter zu sparen und um
20 ihn nach Berlin schicken zu können.

Erich Kästner

Lesedetektive

Emil stellt den Dieb

Durch Zufall sehen Emil und seine Freunde, Gustav und der Professor, den Dieb am nächsten Tag in Berlin wieder und verfolgen ihn. Er betritt gerade eine Bank.

„Wollen Sie mir, bitteschön, einen Hundertmarkschein in zwei
5   Fünfziger umtauschen und für vierzig Mark Silbermünzen geben?",
fragte der Mann, griff sich in die Tasche und legte drei Scheine
auf den Tisch.
„Einen Moment!", rief da der Professor laut. „Das Geld gehört
gar nicht dem Herrn. Er hat es einem Freund von mir gestohlen
10 und will es nur umtauschen, damit man ihm nichts nachweisen
kann."
„So was von Frechheit ist mir in meinem ganzen Leben
noch nicht vorgekommen", sagte der Herr.

„So ist es aber!", rief Emil und sprang an den Schalter.
15 „Einen Hundertmarkschein und zwei Zwanzigmarkscheine hat
er mir gestohlen. Im Zug! Während ich schlief. Es ist mein Geld.
Und ich muss es wiederhaben!"
„Ja, sogar wenn's wahr wäre, mein Junge", erklärte
der Kassierer, „so einfach geht das nicht! Wie kannst
20 du denn beweisen, dass es dein Geld ist? Steht vielleicht
dein Name drauf? Oder hast du dir etwa die Nummern
gemerkt?"
„Natürlich nicht", sagte Emil.

„Also, meine Herren, ich erkläre Ihnen, auf Ehrenwort: Das Geld
25 gehört wirklich mir. Ich werde doch nicht kleine Kinder ausrauben!", behauptete der Dieb.
„Halt!", schrie Emil plötzlich und sprang in die Luft, so leicht war
ihm mit einem Mal geworden. „Ich kann doch beweisen, dass es
mein Geld ist!"

Erich Kästner

Das verschwundene Armband

In der Schmuckabteilung des Kaufhauses ist ein wertvolles Armband gestohlen worden. Du sollst den Fall lösen.
Gehe zunächst zur Nummer 1 in die Schmuckabteilung im Erdgeschoss und informiere dich über das Geschehen. Lies, was dort steht, dann weißt du, bei welcher Nummer du weiterlesen musst.

Lesedetektive

❶ Eine Frau mit einem karierten Schal hat sich ein wertvolles Armband zeigen lassen. Als die Verkäuferin ein weiteres Armband aus der Vitrine holen will, ist die Frau plötzlich verschwunden – und mit ihr das Armband. Du gehst in dein Büro im zweiten Stock.

❽ Du setzt dich an den Tisch ohne Sonnenschirm und denkst nach.

❻ Er erklärt, dass die Sicherheitsanlage keinen Alarm geschlagen hat, also muss das Diebesgut noch im Haus sein. Du hast das Erdgeschoss abgesucht und gehst nun zur Rolltreppe.

❷ Du siehst nach und entdeckst unter der lockeren Blumenerde einen Beutel. Darin findest du das gestohlene Armband! Jetzt wird dir klar, wie die Diebin ihre Beute aus dem Haus schaffen wollte!

❼ Im ersten Stock siehst du die Verdächtige in der Spielwarenabteilung. Sie hat eine Kaufhaustüte in der Hand.

❹ Du siehst dir die Aufnahmen der Überwachungskamera an und druckst das Bild der Verdächtigen aus. Damit fährst du zum Wachmann an der Eingangstür.

❸ Du durchsuchst sie und findest nichts. In der Tüte sind ein kleiner ferngesteuerter Hubschrauber und der Kassenzettel dazu. Du entschuldigst dich und nimmst die Treppe zum Restaurant auf der Dachterrasse, um etwas zu trinken.

❺ Da bemerkst du, dass im linken Blumenkübel die Erde aufgelockert ist.

Kalle Blomquist, der Meisterdetektiv

Kalle und Eva-Lotta schlichen im Hauptquartier der verfeindeten Bande der Roten Rose herum. Es war ein leer stehendes, altes Haus. Sie glaubten, dass kein Bandenmitglied in der Nähe wäre, und gönnten sich eine kleine Kriegspause in einem der schönen, sonnigen Zimmer. Das aber
5 *erwies sich als Fehler …*

Kalle und Eva-Lotta hörten, wie außen ein Schlüssel im Schloss umgedreht wurde. Sie hörten auch das rohe Lachen des Roten Chefs und seine Triumphworte: „Ha, ihr Läusepudel, nun hat euer letztes Stündlein geschlagen! Hier kommt ihr nicht mehr raus!
10 Hier dürft ihr hocken, bis ihr Moos ansetzt!"

Es war eine Schmach, auf diese schändliche Weise eingesperrt worden zu sein. Außerdem bedeutete es einen niederschmetternden Punktsieg für die Roten.
„Wenn man doch nur eine Zeitung hätte", sagte Kalle.
15 „Glaubst du, da steht etwas drin über die beste Art, an Hauswänden hinunterzuklettern?" Eva-Lotta beugte sich aus dem Fenster, um den Abstand zum Boden zu schätzen. „Wir brechen uns den Hals", fuhr sie fort, „aber es hilft nichts."
Kalle stieß einen zufriedenen Pfiff aus. „Die Tapete! Daran
20 hatte ich nicht gedacht. Die genügt."
Rasch riss Kalle einen Fetzen von der herabhängenden Tapete ab. Eva-Lotta sah ihm verwundert zu. Kalle bückte sich und schob das große Papierstück durch die fingerbreite Ritze unter der Tür. „Reine Routinearbeit", murmelte der Meisterdetektiv und holte
25 sein Taschenmesser heraus.
Es dauerte nicht lange, und sie waren frei!

Astrid Lindgren

Ein köstlicher Schinken

Es ist Freitagabend, 18.00 Uhr. Frau Säuerlich und ihr Nachbar Pauli
Speck diskutieren heftig mit dem Boten des Delikatessengeschäftes
Köstling. Frau Säuerlich hat nämlich am Morgen bei Köstling eine
fette Schinkenkeule bestellt. Als diese bis zum späten Nachmittag
nicht geliefert war, beschwerte sie sich bei Köstlings, dass sie den
Schinken noch nicht erhalten habe. Köstlings Bote ist daraufhin
sofort zu Frau Säuerling geeilt.

Er behauptet aber, dass er
bereits am Vormittag ver-
sucht habe, den Schin-
ken zu liefern. Da Frau
Säuerlich nicht daheim
gewesen sei, habe er ihn
bei ihrem Nachbarn Pauli
Speck für sie abgegeben.

Pauli hingegen wehrt sich
empört. Er habe weder
den Boten noch irgend-
einen Schinken zu Gesicht
bekommen. Er sei den
ganzen Tag beim Höfbräu-
Pferderennen gewesen.

Wer lügt hier, um den köst-
lichen Schinken auf dem
eigenen Teller zu haben?

Jürg Obrist

Die Ausbrecher

Die beiden Knastbrüder Kalle und Bolle schmieden Ausbruchspläne.
Nur leider können sie ihre Geheimschriften nicht lesen …

Lesedetektive

Leuchtreklame in der Stadt

Die Elektrikerin steht vor einem Buchstabensalat. Erfolgreich hat sie die Leuchtreklame repariert. Nun muss diese wieder an richtiger Stelle über den einzelnen Geschäften in der Stadt angebracht werden.

Kannst du ihr helfen? Welche Buchstaben und Silben gehören zu welchen Geschäften?

www.quiesel.de

Karin Kuhlmann

Der Künstler Kytom L. fotografierte eine Rohrzange und stellte das Foto ins Internet. Dann forderte er andere auf, mithilfe der Bildbearbeitung am Computer aus der Zange ein Kunstwerk zu schaffen.

Computer-Kunst

Das Foto einer Rohrzange
auf dem Bildschirm.

Die Idee einer Künstlerin.
Die Möglichkeiten des Computers.

Programme der Bildbearbeitung:
freistellen, kopieren, filtern,
Farben verändern.

Neues entsteht.
Das Bild:
„Aztekischer Talisman".

Gisela Zach

Computerschaden

"Tante Mathilda! Da ist jemand an der Tür!", rief Justus verschlafen. Aber er schien der Einzige im Haus zu sein, der von dem aufdringlichen Klingeln geweckt worden war. Genervt und schläfrig schlurfte er die Holztreppe hinunter. Vor der Haustür stand ein Mann in
5 Uniform und lachte ihn freundlich an. "Guten Morgen, mein Herr. Ihre Lieferung." Ungläubig betrachtete Justus den Zettel, der ihm vorgehalten wurde. "Es ist die bestellte Ware für einen Titus Jonas. Bist du das?"
"Nein, das ist mein Onkel. Aber ich kann es auch annehmen. Wo
10 muss ich unterschreiben?" Justus machte eine krakelige Unterschrift auf dem Lieferschein.
"Die Kartons habe ich vor dem Schuppen abgestellt", grinste der Kurierfahrer und verschwand anschließend in einem Lieferwagen.

15 Mittlerweile erschien auch Tante Mathilda und steckte ihre Haare zusammen. "Wer kommt uns denn so früh besuchen?"
"Och, sind nur ein paar Pakete für Onkel Titus", antwortete Justus und zeigte auf die aufgestapelten Kartons an der Schuppenwand. Tante Mathilda schnappte nach Luft. Doch bevor sie sich richtig
20 aufregen konnte, wurde sie von Onkel Titus zur Seite geschoben. "Keiner fasst was an! Das ist meine erste Internet-Bestellung", verkündete er stolz.

114

Seine Frau zog den Gürtel ihres Morgenrocks zusammen. „Du hast was übers Internet bestellt?", fragte sie.

„Genau. Man muss mit der Zeit gehen. Wo ist überhaupt mein Paket?"

„Dein Paket?", wiederholte Justus irritiert. „Die haben dir eine halbe Lastwagenladung geschickt."

Jetzt rannten alle aufgeregt zum Schuppen. Onkel Titus nahm den erstbesten Karton und riss ihn hektisch auf. „Na bitte, genau richtig. Grüne Hausschuhe. Das Sonderangebot für Erstbesteller."

Justus hielt noch immer den Lieferschein in der Hand. Erst jetzt las er, was er vor wenigen Minuten unterschrieben hatte.

„Hier steht tatsächlich was von grünen Hausschuhen – aber 43 Stück."

„Titus! Du hast 43 Paar Hausschuhe gekauft?", stöhnte Tante Mathilda.

„Nein, nein, nein ... das muss ein Versehen sein", stammelte ihr Mann verzweifelt. „Ich habe nur ein Paar bestellt. Ein Paar in Größe 43."

Justus Jonas schwante Böses. Jetzt begriff auch Tante Mathilda. „Ich will es einfach nicht glauben. Du hast die ganze Bestellung durcheinandergebracht. 43 Stück statt Größe 43. Ruf sofort an und lass die Hausschuhe wieder abholen!"

„Geht nicht", sagte Onkel Titus zerknirscht. „Sonderangebote sind vom Umtausch ausgeschlossen."

Niedergeschlagen zog er den Stecker aus dem Computer. „Diese Dinger sind nichts für mich. Beim nächsten Mal geh ich wieder in Porters Laden."

Ulf Blanck

Computer-Avenida

Eine Frage
Eine Frage und www.de
www.de
www.de und Internetrecherche
Eine Frage
Eine Frage und Internetrecherche
Eine Frage und www.de und Internetrecherche
Stromausfall

Internet-Chaos-Recherche

Internetrecherchenchaos
Rechercheninternetchaos
Internetrecherchenchaos
Chaosinternetrecherchen
Internetrecherchenchaos

Game over

Es gab einst ein Computer-Kid,
das machte alle Spiele mit;
doch meistens allein
und nicht zu zwein
und schon gar nicht zu dritt.

Onliner und Inliner

Besuch in der Bibliothek

Draußen prasselt der Regen auf das Pflaster. Alina steht am Fenster: „Mensch, Nico! Wir haben total vergessen, dass wir für unsere Arbeitsgruppe nach Büchern von Kirsten Boie suchen sollen. Ich glaube, wir müssen zur Bücherei schwimmen."

5 „Also ich bleib lieber hier im Trockenen sitzen", meint Nico und schaltet den Computer an. „Wir besuchen die Bücherei einfach online!" Schon hat er den Rechner hochgefahren.

„Super Idee! Rück mal, damit ich auch was sehe." Alina setzt sich neben Nico, der schon die Adresse der Bibliothek eintippt. In
10 Sekundenschnelle erscheint die Startseite. Die Bibliothek hat eine eigene Kinderseite, hier sucht es sich leicht.

„Jetzt tippen wir „Kisten Boie" in die Suchzeile und bestätigen die Eingabe", sagt Nico. „Das ist ja eine ewig lange Liste", beeindruckt blättert Alina die Internetseiten herunter. „Da haben wir wohl
15 genug für die Arbeitsgruppe gesammelt", meint Nico zufrieden.

„Ob die Bücherei auch das Nix-Buch hat?", überlegt Alina. „Wir gehen noch einmal zum Suchwort zurück."
Rasch hat Nico zum Suchbegriff „Kirsten Boie" noch „Nix" eingegeben. „Guck doch mal, es gibt noch ein Buch vom Nix – und das ist sogar nicht einmal entliehen!"

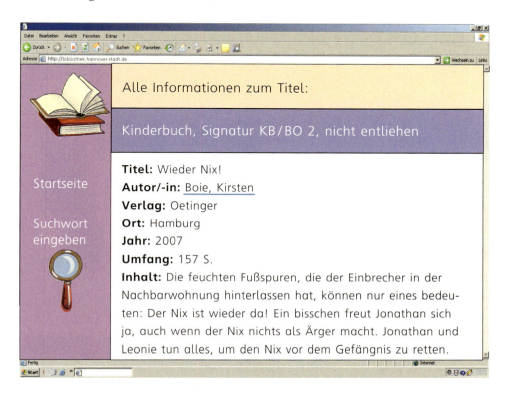

„Los komm, das leihen wir jetzt aus!", meint Alina entschieden. Nico fährt den Rechner herunter, schaut aus dem Fenster und seufzt: „Na, dann wird es wohl ‚nix' mit dem Trockenbleiben." Aber ganz dahinten am Himmel wird es auch schon wieder ein bisschen heller.

Ingrid Messelken

Kunst aufräumen

Sprache aufräumen

Die Mutter erzählte
dem Kind im Bett:
„Es war einmal eine Maus,
die riss eines Tages einfach aus ...“
Das Kind unterbrach sie erschrocken:
„Hoffentlich nicht unsere,
wie surfe ich sonst durchs Internet?“

Hans Manz

aus	im	?
Bett	Internet	„
Das	Kind	„
dem	Kind	“
Die	Maus	“
die	Mutter	,
durchs	nicht	,
eine	riss	.
eines	sie	.
einfach	sonst	.
einmal	surfe	:
erschrocken	Tages	:
erzählte	unsere	
Es	unterbrach	
Hoffentlich	war	
ich	wie	

Hokuspokus

Max Ernst

Hokuspokus fidibus

Abrakadabra,
was eben noch da,
sei auf der Stelle unsichtbar!

Spinnennetz und Schlangenei,
was verschwunden, komm herbei!

Hokuspokus, finstre Nacht,
seht nur her, es ist vollbracht!

Nimm Krötenwarzen unbedingt,
damit der Zauber auch gelingt!

Simsalabim, bimlasimsa,
was verschwunden, sei wieder da!

Ene mene Tintenfleck,
Drachenhaut und Fliegendreck,
was noch hier ist, sei nun weg!

Katzenauge, Spinnenbein,
was groß war, sei nun klitzeklein!

Rattenschwanz, zwei Löffel Teer,
was da war, siehst du nicht mehr!

Rabenschrei und Katzenzehn,
mach den Zauber ungeschehn!

Die verschwundene Münze

Du brauchst:
eine Münze, ein Stofftaschentuch, eine weiche Unterlage

So wird es gemacht:
1. Lege das Taschentuch auf die weiche Unterlage. Lege die Münze oberhalb der Mitte darauf.

2. Schlage die untere Spitze des Taschentuches über die Münze.

3. Rolle das Taschentuch mit der Münze von unten auf, bis beide Spitzen zu sehen sind.

4. Sprich nun einen Zauberspruch!

5. Fasse die beiden Spitzen des Taschentuches und ziehe sie auseinander. Die Münze liegt nun unter dem Tuch.

6. Nimm das Tuch zusammen mit der Münze hoch. Schüttle das „leere" Tuch – halte die Münze dabei gut fest. Die Münze ist verschwunden!

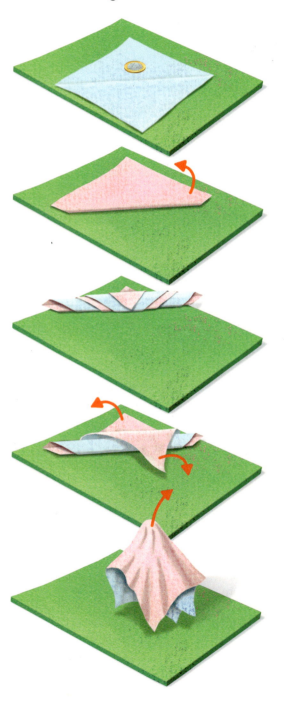

Hokuspokus

Fauler Zauber

Der Zauberkünstler Mamelock
hebt seinen goldnen Zauberstock.
„Ich brauche", spricht er dumpf,
„zwei Knaben,
5   die ziemlich viel Courage haben."
Da steigen aus dem Publikum
schnell Fritz und Franz aufs Podium.
Er hüllt sie in ein schwarzes Tuch
und liest aus seinem Zauberbuch.
10 Er schwingt den Stock ein paar Sekunden.
Er hebt das Tuch – sie sind verschwunden!
Des Publikums Verblüffung wächst.
Wo hat er sie nur hingehext?
Sie sind nicht fort, wie mancher denkt.
15 Er hat die beiden bloß – versenkt!
Fritz sagt zu Franz: „Siehst du die Leiter?"
Sie klettern abwärts und gehen weiter.
Der Zauberkünstler lässt sich Zeit,
nimmt dann sein Tuch und wirft es breit.
20 Er schwingt sein Zepter auf und nieder –
doch kommen Fritz und Franz nicht wieder!
Der Zauberer fällt vor Schrecken um.
Ganz ähnlich geht's dem Publikum.
Nur Fritz und Franz sind voller Freude.
25 Sie schleichen sich aus dem Gebäude.
Und Mamelock sucht sie noch heute.

Erich Kästner

Zauberhafte Miss Wiss

Schon als die neue Lehrerin ins Klassenzimmer kam, spürten die Kinder der Dritten, dass sie etwas Besonderes war. „Und jetzt, ihr Lieben", sagte Miss Wiss, „wollen wir mal sehen, ob ihr das Neuner-Einmaleins könnt." Ein Ächzen und Stöhnen ging durchs Klassenzimmer. „Und damit ich nicht alles alleine machen muss", fuhr Miss Wiss fort, „habe ich meinen Freund Archimedes mitgebracht."

Sie fasste in ihre Tasche, holte eine große weiße Eule heraus und setzte die Eule oben auf die Tafel. „Caroline, würdest du bitte den Papierkorb unter Archis Platz stellen?" Caroline stellte den Papierkorb unter Archi. „Und jetzt, Dumbo", sagte Miss Wiss, „sag Archi, was fünf mal neun ist." „Fünfundvierzig", sagte Dumbo. „Huhuuu!", machte Archi. „Das heißt *richtig*", erklärte Miss Wiss.

„Und jetzt, Jack", sagte Miss Wiss, „probieren wir's ein bisschen schwieriger: Ein Junge hat hundertacht Murmeln und will sie seinen neun Freunden schenken – was macht er?" „Er macht sich zum Deppen", sagte Jack. „Wer schenkt denn freiwillig alle seine Murmeln her!" Archi sah verwirrt aus. „Versuch's noch mal, Jack", sagte Miss Wiss geduldig. „Ääh … hundertacht geteilt durch neun macht – elf", rechnete Jack.

Die Klasse schaute erwartungsvoll zu Archi oben auf der Tafel. Der beugte sich ohne einen Laut nach vorn, hob die Schwanzfedern und machte etwas sehr Unanständiges genau in den Papierkorb unter ihm. „Uaaaaaaahhh, ist ja eklig!", riefen die Kinder im Chor. „Das heißt *falsch*", erklärte Miss Wiss.

Terence Blacker

Kalt erwischt

Draußen vor dem Fenster standen Mrs Hicks und Miss Gomez. Sie waren fest entschlossen, die neue Lehrerin bei etwas Verbotenem zu ertappen. „Da sitzt ein Vogel auf der Tafel", flüsterte Miss Gomez. „Er macht ... er lässt etwas fallen", stöhnte Mrs Hicks.

5 Die beiden drückten gerade ihre Nasen gegen die Fensterscheibe, um besser sehen zu können, als Miss Wiss sie entdeckte. Die Kinder in der ersten Reihe konnten gleich darauf ein
10 leises Summen hören. „Miss Gomez!", sagte Mrs Hicks. „Meine Nase! Sie klebt an der Scheibe fest!" „Meine auch!", schrie Miss Gomez und ver-
15 suchte sich verzweifelt loszureißen.

Im selben Augenblick läutete es zur großen Pause. Bald waren die Lehrerinnen von lachenden Kindern umringt. „Steht nicht einfach nur rum, ihr kleinen Monster!", schrie Mrs Hicks. „Geht
20 Hilfe holen!" „Nicht mehr nötig", sagte Miss Wiss, die inzwischen auch auf den Schulhof gekommen war. Sie berührte nur kurz die Fensterscheibe, dann fielen die beiden Kolleginnen auf den Allerwertesten. Endlich waren sie befreit.

„Das muss der Frost gewesen sein", sagte Miss Wiss mit einem
25 feinen Lächeln.

Terence Blacker

▶ Miss Gomez und Mrs Hicks wollen Miss Wiss unbedingt loswerden. Ob ihnen das gelingt?

Die kleine Hexe

Eines Tages sagte die kleine Hexe: „Ich reite heute Nacht auf den Blocksberg!" Der Rabe erschrak. „Auf den Blocksberg?! – Das haben dir doch die großen Hexen verboten!" „Pah!", rief die kleine Hexe. „Verboten ist vieles. Aber wenn man sich nicht erwischen lässt …"

5 Obwohl es ihr die großen Hexen verboten hatten, ritt die kleine Hexe in der Nacht auf den Blocksberg. Dort waren die Hexen schon versammelt. Es mochten wohl fünf- oder sechshundert Hexen sein: Berghexen, Waldhexen, Sumpfhexen, Nebelhexen und Wetterhexen, Windhexen, Knusperhexen und Kräuterhexen.
10 Sie wirbelten wild durcheinander und schwangen die Besen. „Walpurgisnacht!", sangen die Hexen, „heia Walpurgisnacht!"

Die kleine Hexe mischte sich unbemerkt unter die Tanzenden. Sie wirbelte mit um das Hexenfeuer. Sicherlich wäre auch weiterhin alles gut gegangen – nur hätte die kleine Hexe nicht ihrer Tante,
15 der Wetterhexe Rumpumpel, über den Weg tanzen dürfen! Sie war eingebildet und böse. „Verrate mich nicht!", bat die kleine Hexe. Rumpumpel
20 erwiderte: „Nichts da! Du freches Stück musst bestraft werden."

Hokuspokus

Der kleinen Hexe half weder Bitten noch Betteln. Rumpumpel nahm sie beim Kragen und schleifte sie vor die Oberhexe. Stirnrunzelnd hörte die Oberhexe der Wetterhexe zu. Dann donnerte sie die kleine Hexe an: „Du wagst es, in dieser Nacht auf den Blocksberg zu reiten, obwohl es für Hexen in deinem Alter verboten ist? Wie kommst du auf diesen verrückten Gedanken?" Angstschlotternd sagte die kleine Hexe: „Ich weiß nicht. Ich hatte auf einmal so große Lust dazu – und da bin ich halt auf den Besen gestiegen und hergeritten …"
„Dann wirst du gefälligst auch wieder nach Hause reiten!", befahl ihr die Oberhexe. „Verschwinde hier, und zwar schleunigst! Sonst müsste ich böse werden!"

„Darf ich dann wenigstens nächstes Jahr mittanzen?" fragte die kleine Hexe und hoffte, dass mit der Oberhexe zu reden war.
„Hm …", überlegte die Oberhexe. „Ich werde am Tag vor der nächsten Walpurgisnacht einen Hexenrat einberufen, dann will ich dich prüfen. Die Prüfung wird aber nicht leicht sein."
Der kleinen Hexe wurde es angst und bange. Das konnte ja gut werden!

Otfried Preußler

▶ Die kleine Hexe steckt ganz schön in Schwierigkeiten. Ob sie ihre Hexenprüfung besteht?

Pimpernelle Zwiebelhaut

Kennt ihr schon die Hexenbraut
Pimpernelle Zwiebelhaut?

Rückwärts kriecht sie aus dem Bett,
schrubbt sich ab mit Zwiebelfett,
5 kocht sich Seifenblasentee,
futtert Scheuerlappen mit Gelee,
Zittergras und Fliegenkleckse –
ja, das schmeckt der kleinen Hexe!

Doch das ist schon lange her.
10 Pimpernelle lebt nicht mehr –
hat sich Kichererbsenbrei gemacht
und sich beim Kichern totgelacht.

Hans Adolf Halbey

Der Zauberer

Ein Hut, kein Stab,
kein Hase, eine Laus –
ein Hut, ein Stab,
ein Hase, eine Laus –
ein Hut, ein Stab,
zwei Hasen, eine Laus –
ein Hut, ein Stab,
drei Hasen – viel Applaus!

nach Josef Wrobel

Hokuspokus

Ich kann zaubern, Mami!

Mami, ich kann zaubern!

Hokuspokus, sieh mal an, …

… in was ich mich verwandeln kann!

Ganz toll hast du das gemacht, mein Schatz.

Du glaubst mir nicht, dass ich zaubern kann! Oder?

Aber natürlich, mein Schatz!

131

Ritter Rost und die Hexe Verstexe *Stabpuppenspiel*

Figuren: Ritter Rost, Ritter Rost als Hase, goldener Ritter Rost, Hexe Verstexe, Hexe Verstexe als Rabe, Koks der Drache, Burgfräulein Bö, Geschenk, Spieluhr, Abschiedsbrief, Pferd, einige Besen, Staubsauger und Hasen, Zauberstab, verschiedene Hexenmöbel, mehrere Goldkugeln und Edelsteine, Spiegel.

Burgkulisse mit angedeutetem Burgzimmer und Stall von innen

Erzähler/-in 1: Ritter Rost und Koks, der Hausdrache, sitzen behaglich in der Eisernen Burg, als plötzlich das Fenster aufspringt und die Hexe Verstexe auf ihrem Besen hereinschwebt.

Hexe Verstexe *(überreicht Ritter Rost ein Geschenk)*:
Huhu, ich habe ein Geschenk für dich! Das darfst du behalten, wenn du mir dafür Koks gibst!

Koks *(schleicht von der Bühne)*: Besser, ich verdufte.

Ritter Rost *(packt das Geschenk aus)*: Oh, eine silberne Spieluhr, die ein Loblied auf mich anstimmt. Die muss ich haben! Die ist ja spitze! Aber willst du nicht etwas anderes? Vielleicht ein paar kandierte Büroklammern?

Hexe Verstexe: Igittigittigitt! Ich will den Drachen und sonst gar nichts!

Erzähler/-in 1: Mit diesen Worten jagt die Hexe Verstexe durch die Burg, um Koks zu finden.

Hokuspokus

Hexe Verstexe *(kreischt wütend)*: Koks ist weg! Das ist alles deine Schuld, du Blechbüchse. Aber das wirst du mir büßen!

Erzähler/-in 1: Und so verzaubert die Hexe Verstexe den Ritter Rost in ein Hoppelhäschen und zischt dann stinkesauer aus dem Fenster und über alle Berge.

(Der Ritter Rost wird durch Hasen Ritter Rost ersetzt.)

Burgfräulein Bö *(kommt erschrocken herbeigeeilt)*: Was war denn das für ein Krach? Und wie siehst du denn schon wieder aus? Wo ist eigentlich Koks?

Erzähler/-in 2: Doch noch bevor der Ritter Rost ihr antworten kann, entdeckt Bö auf dem Boden einen Abschiedsbrief, auf dem steht: „Ich will nicht zur Hexe Verstexe. Lebt wohl."

Burgfräulein Bö *(aufgeregt)*: Wir müssen ihn suchen!

Erzähler/-in 2: Entschlossen läuft das Burgfräulein Bö in den Stall, sattelt ihr Pferd und reitet aus der Eisernen Burg heraus. Dem Ritter Rost bleibt nichts anderes übrig, als hinterherzuhüpfen.

(Die Figuren verlassen die Bühne.)

Waldkulisse mit angedeutetem Schloss von außen

Erzähler/-in 3: Indessen stapft Koks traurig durch den Wald. Doch schon bald sieht er ein Schloss und schleicht hinein.

Schlosskulisse von innen

Koks: So ein komisches Schloss habe ich noch nie gesehen. Überall fliegen Besen und Staubsauger durch die Luft, und hinter jeder Ecke sitzt ein Hoppelhäschen.

Hexe Verstexe *(nähert sich dem Drachen)*: Das ist aber schön, dass du freiwillig in mein Schloss gekommen bist! Hach, was bist du doch für ein süßer Knopf! Am liebsten möchte man dich den ganzen Tag nur abknuddeln. Komm zu mir mein Herzchen, du darfst gleich meine Stinkesocken-Suppe zum Blubbern bringen.

Koks *(erschrickt und weicht zurück)*: Au Backe.

Erzähler/-in 3: Doch noch bevor die Hexe Verstexe Koks erwischt, gibt es plötzlich einen Mordskrach und das Burgfräulein Bö kommt hereingeritten.

(Hase folgt Bö ins Schloss.)

Hexe Verstexe *(drohend)*:
Das Burgfräulein da verwandle ich in eine goldene Kugel!

Erzähler/-in 3: Die Hexe Verstexe zielt mit ihrem Zauberstab auf das Burgfräulein, trifft aber mit ihren Zauberstrahlen zu ihrem Ärger nur das Hoppelhäschen, das sich prompt in den Ritter Rost zurückverwandelt.

Hokuspokus

(Der Hase Rost wird durch den Ritter Rost ersetzt.)

Ritter Rost *(seufzt erleichtert)*: Danke. Und wie hübsch ich bin.

Hexe Verstexe *(schimpft)*: Mist!

Erzähler/-in 4: Die Hexe flucht und zielt erneut auf Bö. Aber das Burgfräulein weicht geschickt aus, so dass die Hexe nach und nach alle ihre Möbel in Goldkugeln und Edelsteine verwandelt.

Hexe Verstexe *(nähert sich dem Spiegel)*: So, jetzt ist nur noch mein Spiegel übrig, hinter dem ihr euch verstecken könnt. Jetzt hab ich euch!

Erzähler/-in 4: Die Hexe schießt einen gewaltigen Zauberstrahl ab. Aber leider wirft ein Spiegel Zauberstrahlen wie Licht zurück, sodass sich die Hexe selbst in einen Raben verwandelt.

(Die Hexe Verstexe wird durch den Raben ersetzt.)

Rabe *(krächzt)*: Na ja, dann eben nicht.

Erzähler/-in 4: Dann fliegt der Rabe davon. Vermutlich, um eine andere Hexe um Rat zu fragen. Bö, Koks und der Ritter umarmen sich vor Freude. Gemeinsam marschieren sie zur Eisernen Burg zurück.

nach Jörg Hilbert

▶ Das ganze spannende Abenteuer und tolle Lieder dazu findest du in „Ritter Rost und die Hexe Verstexe" von Jörg Hilbert.

Vor hundert Jahren

Julius Geerts

Vor hundert Jahren

Lehrer Lämpel

Also lautet ein Beschluss:
Dass der Mensch was lernen muss.

Nicht allein das A-B-C
Bringt den Menschen in die Höh;
5   Nicht allein im Schreiben, Lesen
Übt sich ein vernünftig Wesen;
Nicht allein in Rechnungssachen
Soll der Mensch sich Mühe machen;
Sondern auch der Weisheit Lehren
10 Muss man mit Vergnügen hören.

Dass dies mit Verstand geschah,
war Herr Lehrer Lämpel da.

Max und Moritz, diese beiden,
mochten ihn darum nicht leiden;
15 denn wer böse Streiche macht,
gibt nicht auf den Lehrer Acht.

Wilhelm Busch

Vor der Rechenarbeit

Es war Frühstückspause. Ein ohrenbetäubendes Geschwirr schallte durch die Klasse.
„Annemarie, wie viel ist neun mal siebzehn?" – „Ist sieben mal vierzehn achtundzwanzig oder achtundneunzig?" – „Ach Gott, ich hab ja so dolle Angst vor der Klassenarbeit!" – Margot Thielen seufzte schwer und machte furchtsame Augen.

„Ich habe gar keine Bange, ich nicht! Mein Bruder Hans hat gesagt, ich kann jetzt das große Einmaleins vorwärts und rückwärts, sogar im Schlaf!" Annemarie Braun, die Erste der Klasse, rief es und lachte dabei über das ganze runde Kindergesicht.
„Ja, du – du brauchst auch keine Angst zu haben, Annemarie. Du schreibst sicher wieder null Fehler und bekommst ‚sehr gut' im Rechnen." Margot sah voll Bewunderung auf ihre Freundin.

„Wenn's nur nicht gerade die Probearbeit für die Osterzensur wäre", sagte Ilse Herrmann. „Annemarie, könntest du nicht jetzt in der Pause noch flink ein bisschen mit uns üben – ach ja, bitte, tue es doch!", so bettelte und rief es durcheinander. Die Erste ließ sich nicht lange bitten. Das Rechenbuch unter den Arm geklemmt, schritt sie würdevoll zum Pult. Die Klasse jubelte. Denn Annemarie ahmte Fräulein Neudorf, die Rechenlehrerin, in Gang und Haltung treffend nach.

„Ruhe – seid s-till, Kinder, wie viel ist neun mal dreizehn, Marlene Ulrich?", übertönte Annemarie den Radau. Schlag auf Schlag kamen die Fragen aus dem Munde der kleinen Lehrerin. In lachender Aufregung tönten die Antworten zurück, eine überschrie die andere. Da war es kein Wunder, dass niemand in diesem Tumult auf die Glocke achtete, welche die beginnende Stunde anzeigte.

Annemarie Braun, die als Erste das Amt hatte, nach dem Läuten für Ruhe in der Klasse zu sorgen, machte den größten Lärm.

30 „Ruhe – was soll denn der S-pektakel eigentlich bedeuten – S-tille bitte ich mir sofort aus!" Mitten hinein in das Lachen und Rufen klang es plötzlich streng von der Tür her.

Im Augenblick verwandelte sich das Jubeln und Schreien in herzbeklemmende Stille. Die Mädchen schnellten von ihren Sitzen
35 in die Höhe, mit entsetzten Augen blickten sie auf die in der Tür stehende Lehrerin.

Else Ury

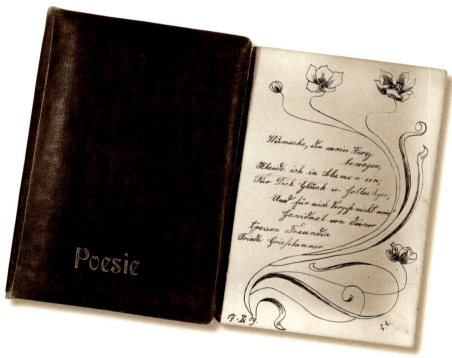

▶ Das haben die Mädchen vor 85 Jahren am liebsten gelesen.

▶ Die Nesthäkchen-Geschichten gibt es auch heute noch.

139

Zu meiner Zeit

Als ich zur Schule kam, war kein Krieg mehr. Meine Familie gehörte zu denjenigen, die durch den Krieg alles verloren hatten. Mir kam diese Zeit gar nicht so schlecht vor, denn eigentlich ging es uns jeden Tag ein bisschen besser: Wir kamen aus dem Lager.

5 Wir zogen in ein kleines Dachzimmer, und wir hatten wieder eine Wohnung. Eine Toilette gab es auch. Man musste aber erst jede Menge Treppen runterlaufen, denn es handelte sich um ein Holzhäuschen im Hof. Natürlich gab es darin weder Licht noch Heizung. Wasser gab es übrigens auch nicht. Im Winter war es
10 morgens und abends im Häuschen stockdunkel. Kleine Kinder durften eine Kerze mitnehmen und sie im Häuschen anzünden. Es hätte gemütlich sein können, wenn es nicht so kalt gewesen wäre.

15 Immerhin: Ich war so um die fünf und durfte eine Kerze mitnehmen. Meine Schwester war sieben und durfte auch eine Kerze mitnehmen. Mein Bruder war dagegen schon zehn und gehörte
20 zu den Großen. Für Große war keine Beleuchtung vorgesehen, denn Kerzen waren knapp. Mein Bruder musste sich also die Kerzen immer erst heimlich klauen, oder er musste warten, bis ich
25 auch mal musste. Tja, Pech, denn das konnte dauern.

Dann kam ein fremder Mann aus dem Krieg. Großer Jubel: Es war mein Vater. Ich hatte ihn wirklich nicht vermisst. Allerdings hatte ich schon davon gehört, dass es ihn gibt. Nun hatten wir also eine Wohnung und einen Vater.

Im Frühling tauchte wieder ein fremder Mann auf. Großer Jubel: Da kommt ein fremder Mann, und zack, hast du einen Onkel. So einfach geht das. Jetzt lebten wir also zu sechst in dem Dachstübchen.

Wilhelm Topsch

Im Februar

Da hatte ich Scharlach
für fünf, sechs Wochen.
Der Mutter fehlte Mehl
zum Suppekochen.

Sie hat die Kohlen
fast hundertmal gezählt.
Ob sie glaubte,
dass ihr eine fehlt?

Sie hat das bisschen Suppe
auf einen Teller gekippt.
Ich bat sie mitzuessen.
Sie hat nur daran genippt.

Bernd Jentsch

Otto

Ich komme aus einer kleinen Werkstatt in Deutschland.
Beim ersten Blick aus meinen Glasaugen sah ich eine Frau, die mich hochhielt und sagte: „Schaut ihn euch an, ist er nicht süß!" Dann wickelte sie mich in Seidenpapier und packte mich in eine
5   Schachtel.

Irgendwann hörte ich Stimmen. Es rumpelte und raschelte und wurde hell. Vor mir tauchte das überraschte Gesicht eines kleinen Jungen auf. Der Junge hieß David, und ich war sein Geburtstagsgeschenk. Davids bester Freund, Oskar, wohnte gleich
10 nebenan. Die beiden gaben mir den Namen Otto. Wir drei steckten dauernd zusammen und dachten uns immer neue Streiche aus. Einmal sollte ich Schreiben lernen und holte mir dabei einen Tintenfleck, der nie mehr wegging.

Dann kam der Tag, an dem David und seine Eltern von Männern
15 in schwarzen Ledermänteln abgeholt wurden. „Otto, du bleibst hier, bei Oskar", sagte David zum Abschied. Oskar und ich waren jetzt sehr einsam. Oft lagen wir nachts wach und redeten von unserem Freund. Bald begannen die Bombenangriffe. Eines Tages gab es einen gewaltigen Knall. Ich flog durch die Luft und verlor
20 die Besinnung.

Vor hundert Jahren

Auf einem Berg verkohlter Trümmer wachte ich wieder auf. Plötzlich beugte sich ein verdutztes Gesicht über mich. Ich wurde aufgehoben. Es war Charlie, ein amerikanischer Soldat.

Als der Krieg vorbei war, kehrte Charlie nach Amerika zurück. Er schenkte mich seiner Tochter Jasmin. Doch mein Glück dauerte nicht lange. Auf einem Spaziergang fiel ich einer Bande von Straßenjungen in die Hände. Halb blind, zerfleddert und zerschlagen landete ich in einer Mülltonne. Dort fand mich eine alte Frau, die den Abfall durchsuchte. Sie verkaufte mich an einen Händler. Der bürstete den Schmutz ab, wusch mich, machte mich wieder ganz und setzte mich in sein Schaufenster. Aber keiner wollte mich haben.

Jahr um Jahr verging. Bis eines Abends ein alter Tourist wie angewurzelt vor dem Schaufenster stehen blieb. Seine Augen wurden größer und größer. „Otto!", flüsterte er außer Atem und stürmte in den Laden. Es war Oskar! Aufgeregt erzählte er dem Händler, woher wir uns kannten, und kaufte mich.

Unsere Geschichte kam in die Zeitung. In Oskars Hotelzimmer klingelte das Telefon. Ich hörte nur, wie er sagte: „David, das gibt's doch nicht! Ja, ja, ja! Wir kommen!" Kurz darauf waren wir alle drei wieder vereint und feierten unser Wiedersehen.

Tomi Ungerer

Der Kaufmann aus Paris

Unsere Uroma ist 99 Jahre alt. Sie hat mir von ihrem Lieblingsspiel als Kind erzählt:

Ein Kind wird ausgelost und darf „der Kaufmann aus Paris" sein. Es stellt sich hinter einen Tisch, auf den verschiedene Gegenstände und Kleidungsstücke als Ware ausgelegt werden. Dann ruft der Kaufmann ein anderes Kind zu sich heran und sagt seinen Spruch auf:

Ich bin der Kaufmann aus Paris,
ich habe wunderschöne Sachen.
Verbiete, „ja" und „nein" zu sagen,
zu weinen und zu lachen.
Rot und Weiß sind ausgeschlossen,
welche Dinge wünschen Sie?

Der Kaufmann versucht nun alles Mögliche, um den Käufer hereinzulegen: Wenn er es schafft, dass der Käufer auf Fragen mit „ja", „nein", „rot" oder „weiß" antwortet oder lachen muss, darf er Kaufmann bleiben.

Kann der Käufer einen Gegenstand bekommen, ohne die verbotenen Wörter zu sagen und ohne lachen zu müssen, darf er der nächste „Kaufmann aus Paris" sein.

Vor hundert Jahren

Das löchrige Blüschen

Nein, Fritzchen, nein, wie siehst du aus,
es ist ein Jammer und ein Graus,
das neue Blüschen – liebe Zeit! –
so voller Löcher weit und breit.
5   Sag mir um alles in der Welt,
wie hast du das nur angestellt?

Lieb Mütterlein, das war nicht schwer,
die Löcher kamen von der Scher'.
Wir wollten Kaufmann spielen, denk dir, wie fein –
10 ich durft' der Schweizer Käse sein!

Die erste Fernfahrt mit dem Auto

Carl Benz und Gottlieb Daimler gelten als die Väter des Automobils. Vor über hundert Jahren erfanden sie unabhängig voneinander die ersten Fahrzeuge mit Benzinmotoren.
Die erste lange Autoreise der Welt machte übrigens eine mutige Frau: Bertha Benz mit ihren Söhnen Richard und Eugen.

Als Carl Benz im August 1888 früh in seine Werkstatt geht, bekommt er einen Schock: Seine Erfindung, die Motorkutsche, ist verschwunden. Er läuft zur Polizei und meldet den Diebstahl. Einige Stunden später kommen die ersten Telegrafenmeldungen durch. Man habe eine Frau mit zwei Jungen auf einer merkwürdigen Kutsche ohne Pferd gesehen – von Mannheim in Richtung Pforzheim. Da geht Carl ein Licht auf. Bei den „Dieben" kann es sich eigentlich nur um seine Frau Bertha und seine beiden Söhne Eugen und Richard handeln.

Genauso ist es, die drei hatten sich heimlich auf den Weg gemacht. Sie wollten der Welt beweisen, dass Carl Benz' Erfindung wirklich taugt. Schon vor zwei Jahren hatte Carl das erste mit Benzin angetriebene Auto gebaut – eine Kutsche auf drei Rädern.

Von vielen wurde das ungewohnte Fahrzeug aber belächelt, von manchen sogar als Teufelswerk beschimpft. Carl Benz ist verzweifelt, dass seine Erfindung so wenig anerkannt wird. Auf hohen Holzrädern mit Eisenreifen holpert es mit 15 Kilometern pro Stunde über die schlechten Straßen in Richtung Pforzheim.

Die Spaziergänger staunen, als die Motorkutsche an ihnen vorbeituckert. Am Steuer sitzt der 15-jährige Eugen – einen Führerschein brauchte man damals nicht. Neben ihm sitzt Bertha auf dem Beifahrersitz, vor ihnen hockt der 13-jährige Richard.

146

Vor hundert Jahren

Doch bei der ersten hohen Steigung macht das Fahrzeug schlapp. Richard muss ans Steuer, Bertha und Eugen schieben. Auch bergab gibt es Schwierigkeiten. Die Bremsbeläge aus Leder laufen heiß. Bertha lässt im nächsten Schuhmacherladen neue anfertigen. Dann reißt eine Antriebskette. Sie wird in einer Schmiede wieder zusammengeflickt. Als die Benzinleitung verstopft, hilft Bertha einfach mit der Hutnadel nach.

Die drei geben nicht auf. Und sie schaffen es! Am Abend telegrafieren sie aus Pforzheim an Carl Benz: Die erste lange Autofahrt der Welt ist gut verlaufen. Vater Benz ist stolz und glücklich. Genau studiert er den Mängelbericht, den Bertha nach der Reise angefertigt hat.

Kurze Zeit später wird Carls technische Meisterleistung endlich anerkannt. Er weiß nicht, wie sehr das Auto die Welt verändern wird.

Was krabbelt da?

M. C. Escher

Was krabbelt da?

Die Ameisen

In Hamburg lebten zwei Ameisen,
die wollten nach Australien reisen.
Bei Altona auf der Chaussee,
da taten ihnen die Beine weh,
und da verzichteten sie weise
dann auf den letzten Teil der Reise.

Joachim Ringelnatz

Amanda

Amanda war eine Spinne, groß und schwarz, mit langen Beinen. Sie war eine ganz besondere Spinne: Sie wohnte nämlich bei uns. Zuerst war sie, wie andere Spinnen auch, leise weggehuscht, wenn wir durchs Haus gingen. Im Grunde waren wir dankbar, dass wir nicht mehr von ihr sahen, denn alle Leute, die wir kannten, fanden Spinnen fies. Und wir auch. Das änderte sich alles an einem Montag, gleich nach dem Aufstehen.

Papa ging zum Klo und kam kopfschüttelnd wieder heraus. „Nun seht euch das an", sagt er. Da saß eine Spinne, schwarz und fett wie zwei, direkt neben der Toilette an der Wand und starrte uns an. „Aber dann können wir nicht mehr aufs …!", rief ich. „Unsinn", sagte Mama. „Sie wird uns schon nicht beißen." In Wahrheit traute sie sich bloß nicht, die Spinne wegzutragen, und Papa auch nicht. Und so blieb Amanda und gewöhnte sich an uns und wir uns an sie.

Einen Monat lang saß Amanda neben dem Klo und beäugte uns. Danach wanderte sie hinüber zum Fenster und spann ein wunderschönes Netz. Niemand wagte, das Fenster zu öffnen. Wir hatten Angst, das Netz zu zerstören.

Schließlich krabbelte Amanda in die Duschecke. „Rutsch mal ein bisschen", sagten wir nur, wenn sie in der Duschtasse saß und wir unter die Brause wollten. Dann wanderte sie gemächlich die Wand hinauf und wartete geduldig, bis der Wasserstrom wieder aufhörte.

Einmal rutschte sie nicht. Blieb einfach stur sitzen. Da packte mich so eine heimliche Lust, sie einfach fortzuspülen. Das Wasser sprudelte in ihre Richtung, erfasste sie, und schon verschwand sie im Abfluss.

150

Was krabbelt da?

„Amanda!", rief ich. „Komm zurück!" Ich war so erschrocken, dass ich ungeduscht aus dem Becken sprang und aus dem Badezimmer floh. Ich setzte mich still an den Frühstückstisch, aß ein bisschen und
30 ging dann zur Schule. Immer wieder hatte ich das Bild von Amanda vor Augen, wie sie durch die Löcher verschwand und vergeblich versuchte, sich mit ihren langen dünnen Beinen festzuhalten. Einfach schrecklich!

Mittags jagte ich nach Hause. An Mama vorbei, zur Tür ins Bade-
35 zimmer und – da saß Amanda, als sei nichts gewesen auf dem Boden der Dusche und wartete darauf, dass jemand sagte: „Rutsch mal ein bisschen!" Ein dicker Stein fiel mir vom Herzen, und ich schwor mir, so etwas nie wieder zu tun!

Amanda blieb bis zum Winter. Dann war sie plötzlich nicht mehr da.
40 „Hat jemand Amanda gesehen?", fragte Papa. „Mir fehlt sie richtig", sagte Mama. Aber Amanda blieb spurlos verschwunden.

Eines Morgens im Frühling war sie wieder da. Diesmal saß sie im Wohnzimmer an der Wand, schwarz und dick und breit und gleich über dem Sofa. „Das kann ja heiter werden", sagte Papa. Aber das ist
45 eine andere Geschichte.

Hanneliese Schulze

Trichterfalle für Insektenforscher

Viele Kriechtiere und Käfer leben in der Erde, weil ihnen das Tageslicht zu hell ist. Mit einer Trichterfalle ist es möglich, auch diese verborgenen Insekten zu beobachten.

Du brauchst:
- ein großes Glas
- dünne Pappe
- eine Schreibtischlampe
- etwas Erde aus dem Wald oder Garten
- Klebeband

So wird es gemacht:
- Forme aus der Pappe einen Trichter und klebe ihn mit dem Klebeband zusammen. Achte darauf, dass das Loch des Trichters nicht zu groß ist, damit die Erde nicht hindurchfällt.
- Setze den Trichter auf das Glas und fülle die Erde hinein.
- Schalte über dem Trichter die Lampe an.

Um der Helligkeit zu entfliehen, lassen sich die Tiere in das Glas fallen. Dort kannst du sie gut beobachten.
Setze die Tiere danach wieder vorsichtig in den Wald oder Garten zurück.

Glückskäfer

Der Skarabäus

Im alten Ägypten war der Pillendreher, der dort Skarabäus heißt, ein heiliges Tier. Er wurde sehr verehrt und stand als Symbol für die Sonne und die Wiedergeburt. Der Pillendreher formt Kugeln aus Kot, rollt sie vor sich her und vergräbt sie. Dieses Rollen und Eingraben erinnerte die Ägypter an das Wandern der Sonne und ihr Verschwinden bei Nacht. Skarabäus-Amulette wurden als Glücksbringer getragen. Sie wurden sogar den Toten mit ins Grab gelegt.

Der Marienkäfer

Bei uns gilt der Marienkäfer als Glücksbringer. Seinen Namen bekam er, weil man ihn für ein Geschenk der heiligen Maria hielt: Weil die Marienkäfer Blattläuse fressen, schützen sie die Erntepflanzen der Bauern. Der eigentliche Glückskäfer ist der Siebenpunkt-Marienkäfer. Seine sieben Punkte auf dem Rückenpanzer haben nichts mit seinem Alter zu tun. Wie bei dem Zweipunkt-Marienkäfer oder dem Zweiundzwanzigpunkt-Marienkäfer verändert sich die Anzahl der Punkte im Laufe seines Lebens nicht.

Vom Ei zum Siebenpunkt-Marienkäfer

Das Weibchen des Siebenpunkt-Marienkäfers legt nach der Paarung seine Eier oft in der Nähe von Blattläusen ab. Dadurch finden die
5 Larven nach dem Schlüpfen gleich etwas zu fressen. Nach etwa fünf Tagen schlüpfen aus den länglichen, gelben Eiern kleine Larven.

Zuerst fressen die schwarzen Larven
10 die Eischalen auf. Danach ernähren sie sich vor allem von Blattläusen. Die Larven wachsen schnell. Dadurch wird die alte Haut zu klein und eng. Sie müssen sich daher mehrmals
15 häuten.

Durch das Häuten ändert die dunkle Larve ihre Größe und ihr Aussehen. Sie ist nun blau-grau und hat gelbliche Flecken.
20 Sobald sie ausgewachsen ist, hört sie auf zu fressen. Mithilfe einer Körperflüssigkeit heftet sie sich an einen Pflanzenteil.

Was krabbelt da?

Nach einiger Zeit verpuppt sich
25 die Larve zu einer Puppe. Beim
Siebenpunkt-Marienkäfer ist die
Puppe zuerst gelb. Später verändert sie sich, sie wird orangefarben mit schwarzen Flecken.

30 Zuletzt schlüpft ein heller Käfer aus der Puppe. Seine Flügeldecken sind noch weich, matt und haben keine Punkte. Sie trocknen langsam, werden härter und beginnen schließlich zu glänzen.

35 Erst einige Zeit später erscheinen die schwarzen Punkte auf dem Rücken des Siebenpunkt-Marienkäfers. Dann erhält er auch erst seine typische orange-
40 rote Färbung.

▶ Noch mehr über
den Marienkäfer steht
in „Der Marienkäfer"
von Valérie Tracqui.

155

Die Wanze

Ich heiße Muldoon, Wanze Muldoon. Ich bin Schnüffler – Privatdetektiv, wenn ihr es genauer wissen wollt. Heute Morgen hatte ich noch in meinem Büro gesessen und überlegt, was ich tun könnte. Eine Stunde später sah ich ein paar mögliche Kunden
5 – drei Ohrwürmer, die sich durch die Blumenbeete kämpften. Ihre schmalen braunen Körper schlüpften durch das Unkraut, das den Eingang zum Büro bildete.
Der Größte der drei legte los. „Mister Muldoon?", fragte er.
„Wanze. Einfach Wanze. Was kann ich für euch tun, Jungs?"
10 Der Große stellte sich als Larry vor. „Es geht um unseren Bruder Eddie", sagte Larry. „Er ist ... verloren gegangen. Das letzte Mal sahen wir ihn vergangene Nacht ..."
„Und hat er etwas gesagt – etwas in der Richtung, dass er irgendwohin gehen wollte?" Larry zögerte. Einer der beiden anderen
15 sprang ein. „Er hat gesagt, er würde zur Wiese gehen!", platzte er heraus.
„Sollte das der Fall sein, kann ich ihn vielleicht finden", sagte ich. Ich versicherte ihnen, dass ich nach Eddie suchen oder zumindest versuchen würde, irgendwo ein paar Informationen über seinen
20 Verbleib aufzutreiben. Bevor sie gingen, beugte Larry sich zu mir vor. „Da wäre noch eine Sache", sagte er. Er sprach so leise, dass seine Brüder ihn nicht hören konnten. „Eddie gibt sich mit ein paar ziemlich üblen Typen ab."

156

Was krabbelt da?

Nachdem ich mit Dutzenden Insekten gesprochen hatte, war ich noch immer keinen Schritt weitergekommen. Und dann traf ich Jake. Jake ist eine Stubenfliege. „Hey, Jake", sagte ich. „Ich brauche ein paar Informationen."

„Ein neuer Fall, Wanze?"

Ich nickte. „Ich suche nach einem Ohrwurm namens Eddie. Junges Kerlchen – hat sich mit ein paar schrägen Typen abgegeben …"

Jake dachte einen Moment nach. „Ich hab gehört, da-da-dass heute Morgen ein O-Ohrwurm beim Kompo-po-posthaufen gesehen wurde, unten bei der, b-b-bei der …"

Er brachte es nicht über sich, es auszusprechen. Ich half ihm auf die Sprünge. „Bei der Spinne?" Jake nickte nervös. Damit war das Rätsel also gelöst – Eddie hatte der Spinne als Zwischenmahlzeit gedient. Es würde nicht leicht sein, das Larry und den anderen Jungs beizubringen. Doch bevor ich das tat, musste ich wenigstens überprüfen, ob an der Geschichte etwas dran war. Ich wandte mich ab, um zu gehen. „Danke für die Informationen, Jake", sagte ich.

„Pass auf dich auf! Es geht irgendwas Seltsames vor im Garten. Man erzählt sich, dass mit den Ameisen was nicht stimmt."

„Was sollte nicht stimmen?", fragte ich.

„Keine Ahnung. Aber es muss eine größere Sache sein."

„Danke für den Tipp, Jake."

Und dann war er verschwunden.

Paul Shipton

Die Käferparty

Personen: 2 Erzähler/-innen, Pillendreher, Haselnussbohrer, Baumwollkapselkäfer, Bockkäfer, Bombardierkäfer, Glanzrüssler, einige Leuchtkäferdamen, Hirschkäfer, Eichenblattroller, Schneller Knipser, ein Grillenorchester, Ameisen, Eintagsfliegen, Maikäfer, Laufkäfer

(Ein Käfer nach dem anderen betritt die Bühne und stellt sich vor.)

Kängurukäfer *(ruft laut in die Runde)*:
Wie wäre es mit einem Festival im Wald?
Wir singen, wir tanzen, wir haben gute Laune ...

Pillendreher *(begeistert)*:
Dann gibt es Pillenkekse und einen Pudding aus Mist.

Haselnussbohrer *(reibt sich den Bauch)*: Besser wären Haselnüsse!

Schneller Knipser *(springt nach vorn)*:
Ich schlage als Festbeitrag einen Sprungwettbewerb vor.

Hirschkäfer *(schüttelt heftig den Kopf)*:
Unfug! Viel besser wäre ein Ringkampf. So etwas amüsiert weitaus mehr.

Baumwollkapselkäfer *(schiebt sich eingebildet vor die anderen)*:
Nun, wenn wir schon allgemein von Interesse und Bedeutung reden:
Mir haben die Menschen ein Denkmal errichtet.

Eichenblattroller *(beeindruckt)*:
Donnerwetter. Unsereins bekommt nur Gifte aus der Spritzdose!

Bockkäfer *(seufzt)*:
Was den Menschen nicht „nützlich" ist, wird gejagt.

158

Was krabbelt da?

Bombardierkäfer *(spritzt aus seinem Hinterleib eine Flüssigkeit):*
Man muss sich eben zu helfen wissen.

Glanzrüssler *(dreht sich um sich selbst):* Im Gegensatz zu vielen von euch kann ich über fehlende Beliebtheit nicht klagen. Ich bin eben schön!

Erzähler/-in 1: Gerade als der Glanzrüssler seine Schönheit anpreist, schwirrt ein Schwarm hübscher Leuchtkäferdamen in die Runde. Der Hirschkäfer protzt sogleich mit seinem gewaltigen „Geweih".

Hirschkäfer *(reckt sein Geweih nach vorn):*
Machen wir doch ein kleines Wettrennen.

Erzähler/-in 1: Alle Käfer folgen der Einladung.

Eichenblattroller *(enttäuscht):* Ohne Publikum macht das nur halb so viel Spaß.

Schneller Knipser *(hüpft hin und her):* Das ist schnell organisiert.

Erzähler/-in 2: Er schnellt davon und nach einer halben Stunde hat er viele Zuschauer gewonnen: ein Grillenorchester, Ameisen und wunderschöne Eintagsfliegen. Der Maikäfer wird zum Schiedsrichter ernannt und gibt das Startzeichen.

Maikäfer *(schwingt eine Fahne):* Drei – zwei – eins – los!

Erzähler/-in 2:
Sie rennen über den Waldboden. Das Publikum klatscht mit den Flügeln. Der Laufkäfer wird natürlich Erster. Die Hübscheste der Eintagsfliegen überreicht dem Laufkäfer ein goldenes Heidelbeerchen als Siegerpreis, und die Grillen spielen die Käferhymne. Dann gibt es ein glanzvolles Fest.

nach Heidrun Boddin

Zum Staunen

Jos de Mey

Zum Staunen

Wir kamen
vollkommen
ahnungslos
und blieben
wie angewurzelt stehen,

die Augen

wurden uns riesengroß,

wir hatten

dergleichen

noch nie gesehen.

Frantz Wittkamp

Baron von Münchhausen

Meine erste Reise nach Russland unternahm ich mitten im tiefsten Winter! Denn im Frühling und im Herbst sind die Straßen und Wege in Polen, Kurland und Livland vom Regen so zerweicht, dass man stecken bleibt, und im Sommer sind sie knochentrocken und so staubig, dass man vor lauter Husten nicht vorwärtskommt. Ich reiste also im Winter und, weil es am praktischsten ist, zu Pferde. Leider fror ich jeden Tag mehr, denn ich hatte einen zu dünnen Mantel angezogen, und das ganze Land war so zugeschneit, dass ich oft genug weder Weg noch Steg sah, keinen Baum, keinen Wegweiser, nichts, nichts, nur Schnee.

Eines Abends kletterte ich, steif und müde, von meinem braven Gaul herunter und band ihn, damit er nicht fortliefe, an einer Baumspitze fest, die aus dem Schnee herausschaute. Dann legte ich mich, nicht weit davon, die Pistolen unterm Arm, auf meinen Mantel und nickte ein.

Als ich aufwachte, schien die Sonne. Und als ich mich umgeschaut hatte, rieb ich mir erst einmal die Augen. Wisst ihr, wo ich lag? Mitten in einem Dorf und noch dazu auf dem Kirchhof! „Donner und Doria!", dachte ich. Denn wer liegt schon gerne kerngesund, wenn auch ziemlich verfroren, auf einem Dorfkirchhof? Außerdem war mein Pferd verschwunden! Und ich hatte es doch neben mir angepflockt! Plötzlich hörte ich's laut wiehern. Und zwar hoch über mir! Nanu! Ich blickte hoch und sah das arme Tier am Wetterhahn des Kirchturms hängen! Es wieherte und zappelte und wollte begreiflicherweise wieder herunter. Aber wie, um alles in der Welt, war's denn auf den Kirchturm hinaufgekommen?

Zum Staunen

Allmählich begriff ich, was geschehen war. Also: Das Dorf mitsamt der Kirche war eingeschneit gewesen, und was ich im Dunkeln für eine Baumspitze gehalten hatte, war der Wetterhahn der Dorfkirche gewesen! Nachts war dann das Wetter umgeschlagen. Es hatte getaut. Und ich war, während ich schlief, mit dem schmelzenden Schnee Zentimeter um Zentimeter hinabgesunken, bis ich zwischen den Grabsteinen aufwachte.

Was war zu tun? Da ich ein guter Schütze bin, nahm ich eine meiner Pistolen, zielte nach dem Halfter, schoss ihn entzwei und kam auf diese Weise zu meinem Pferd, das heilfroh war, als es wieder Boden unter den Hufen hatte. Ich schwang mich in den Sattel, und unsere abenteuerliche Reise konnte weitergehen.

Erich Kästner

▶ Münchhausen ist ein wahrer Lügenbaron! Erich Kästner hat viele seiner Lügengeschichten aufgeschrieben.

Ausreden in der Schule

Anna:
Frau Lehrerin, ich kann nichts dafür.
Es war verflixt – glauben Sie mir:
Mein Wecker hat verschlafen!
Ich werde ihn bestrafen.

Paul:
Beim Warten auf die Straßenbahn
biss mich ein wilder Löwenzahn.
Das hat vielleicht wehgetan!
Deshalb bin ich später dran.

Ida:
An der Haltestelle vom Bus
trat mir ein Hydrant auf den Fuß.
Der Knöchel ist gleich angeschwollen.
Wie hätt ich schneller gehen sollen?

Peter:
Im Stadtpark flog mir ein Geier ins Ohr
und riss mich zwanzig Meter empor,
sodass ich beide Schuhe verlor.
Ich verspreche, es kommt nicht mehr vor!

Lehrerin:
Liebe Kinder, ich glaub euch zwar nicht.
Aber nun zum Sachunterricht.
Wer kann mir sagen: Wie groß und wie schwer
ist ein aufgebundener Bär?

Georg Bydlinski

Zum Staunen

Manche Dinge

Manche Dinge kann man nur dann farbig sehen,
wenn man die Augen fest geschlossen hat.

Zum Beispiel:
Eine tomatenblaue Krawatte.
5   Zwei grasrote Handschuhe.
Drei hochzeitskleidschwarze Autos.
Vier rote Sessel mit himmelbunten Punkten.
Fünf erdbeergoldene Hüte.
Sechs weiße Rappen.
10 Sieben dottergelbe Deutschlehrer.
Acht orangefarbene Kiwis.
Neun kiwigrüne Orangen.
Zehn zimtweiße Zitronen.
Elf bunte Fußballspieler mit roten Hemden.
15 Zwölf rothaarige Blonde.
Dreizehn blaue Briefkästen.
Vierzehn gelbe Raben.
Fünfzehn zitronenblaue Äpfel.
Sechzehn gelbe Rotweinflecken.
20 Siebzehn nudelblaue Fahrräder.
Achtze …

(Jetzt habe ich leider die Augen geöffnet,
weil es an der Haustür geklingelt hat.
Vielleicht versuche ich es nachher
25 noch einmal. Gestern bin ich
bis 38 gekommen.)

Wolfgang Mennel

165

Paul der Superheld

Paul ist sich sicher: Er ist ein Superheld! Das merkt er jeden Tag. Er sorgt zum Beispiel – nur durch Gedankenübertragung – dafür, dass der Tormann der Fußballnationalmannschaft einen Elfmeter hält. Er kann Autos, wie von unsichtbarer Hand gesteuert, ganz sanft ausbremsen, sodass sie bei einer roten Ampel zum Stehen kommen. Pauls Eltern glauben nicht an seine Superheld-Fähigkeiten. Sie lachen über ihn.

Dabei ist Paul alles andere als ein kleiner Junge, der sich Geschichten ausdenkt. Paul Reedecker ist acht Jahre alt und ein Superheld. DER Superheld. Paul tankt seine Superhelden-Kraft immer beim Schulweg auf. Er muss beim Laufen aufpassen, dass er nicht auf Gullydeckel tritt – das würde seine komplette Superhelden-Kraft für diesen Tag löschen. Seiner Mutter ist das überhaupt nicht klar. Sie drängelt immer: „Paul, lauf schneller", „Paul, mach hinne", „Paul, trödel nicht so". Dabei muss Paul nicht nur auf die Gullydeckel aufpassen, sondern nebenbei auch noch die Welt retten.

Da ist zum Beispiel dieser seltsame Mann, dem er immer wieder begegnet. Paul ist sich sicher, dass es sich hier um einen Außerirdischen handelt. Jedes Mal, wenn Paul an ihm vorbeiläuft, murmelt Paul leise: „Sit hallelo, sit holleli." Mit diesem magischen Spruch zerstört Paul jegliche Kräfte des Außerirdischen, sodass er niemandem gefährlich werden kann. Wieder einmal hat er die Welt gerettet. Und was sagt seine Mutter? „Paul, trödel nicht so."

Michael Fuchs

Sicher ans Ziel

Paul, sein Vater und seine Mutter fahren zur Oma. Pauls Eltern wissen gar nicht, wie gefährlich eine solche Fahrt ist. Paul sitzt auf dem Rücksitz und vertreibt allein durch seinen finsteren Blick fast alle Gefahren. Er ist der Beschützer der Familie. Er hat die Situation im Griff. Seine Eltern wittern die Gefahren überhaupt nicht.

Zum Beispiel die Bedrohung durch den blauen Golf neben ihnen an der Ampel. Pauls Eltern denken bestimmt, es handelt sich um einen normalen Golf. In dem Auto sitzen aber zwei Agenten. Zwei finstere Gestalten, die nichts Gutes im Schilde führen. Was die Agenten nicht sehen: Paul hat in der Hand einen Neutronenzerstäuber. Unauffällig zielt er auf die Agenten. Er drückt ab, ohne dass es jemand sehen kann. Der Neutronenzerstäuber zerstäubt die Erinnerungen der Agenten und pflanzt neue Gedanken in die Agentenhirne. Nun wissen die Agenten selbst nicht mehr, dass sie Agenten sind. Die beiden halten sich für ein Liebespaar, das einen Ausflug macht.

Und seine Eltern? Die kapieren gar nichts. Pauls Mutter dreht sich zu Paul um.

„Träumst du wieder?", fragt sie und lächelt Paul an. Paul träumt nicht. Paul hat die Welt gerettet. Aber das muss seine Mutter nicht wissen.

Michael Fuchs

Papa!

Lesen im Bett ist nett.

Schlafen im Bett ist aber auch etwas Schönes.
Gute Nacht!

Doch auf einmal …
He! Hallo! Was ist denn das?

„Papa!"

„Papa! Papa!
In meinem Bett ist ein Ungeheuer!"

Philippe Corentin

Zum Staunen

Der Bohnen-Jim

Es war einmal ein Junge, der hieß Jim, und der hatte eine kleine
Schwester, die Jenny. Die Jenny war fast noch ein Baby. Richtig
sprechen konnte sie nicht. Sie konnte erst einen Satz sagen. Der
Satz hieß: „Das will Jenny haben!"

5 Eines Tages fand der Jim eine wunderschöne Bohne. Sie war groß
und schwarz, mit weißen Streifen und rosa Punkten. Wie der Jim
so saß und seine schöne Bohne bewunderte, kam die Jenny. Sie
sah die Bohne und schrie: „Das will Jenny haben!" Sie schrie sehr
laut. Der Mutter ging das Geschrei auf die Nerven. Die Mutter
10 sagte: „Jim, gib ihr doch die blöde Bohne!" Die Bohne war aber
nicht blöd, sondern wunderschön, und der Jim wollte sie nicht
hergeben. Er machte eine feste Faust um die Bohne und hielt die
Faust in die Luft. Die Jenny schrie und sprang nach der Faust. Und
die Mutter rief: „Jim, sei ein lieber Bruder! Gib ihr die Bohne!"

15 Doch Jim wollte kein lieber Bruder sein. Diesmal nicht! Er steckte
die Bohne so schnell, dass Jenny nichts dagegen tun konnte, in
den Mund. Er dachte: Hinter meinen Zähnen kann sie nichts her-
vorholen! Da beiße ich nämlich zu. Jenny versuchte trotzdem die
Bohne hinter Jims Zähnen hervorzuholen. Und der Jim biss zu!
20 Aber dabei verschluckte er leider die wunderschöne Bohne!

Nach ein paar Tagen wurde dem Jim sonderbar im Bauch. Und in
seinem Hals kratzte es. Und in den Ohren kitzelte es. Richtig übel
war dem Jim. Die Mutter holte den Arzt. Der Arzt sagt: „Jim, mach
den Mund auf. Ich muss schauen, ob du einen roten Hals hast!"
25 Der Jim hatte keinen roten Hals. Er hatte einen grünen Hals. Der
Arzt starrte in Jims grünen Hals. Er hatte noch nie einen grünen
Hals gesehen. Das sagte er aber nicht. Er sagt: „Er brütet etwas aus!
Man kann es noch nicht sagen! Warten wir ein paar Tage zu!"

169

30 Der Jim wartete zu. Es wurde von Tag zu Tag ärger. Auch in der Nase juckte es. Und das Halskratzen wurde immer schlimmer. So ging das zwei Wochen. Dann erwachte Jim eines Morgens und gähnte und hielt sich beim Gähnen die Hand vor den Mund und spürte, dass da etwas über seine Lippen hing. Er sprang aus dem Bett und lief zum Spiegel. Aus seinen Ohren und aus seinem Mund
35 blitzte es grasgrün. Kleine Blätter waren das! Die Mutter holte wieder den Arzt. Der Arzt zupfte an Jims Blättern herum, kratzte sich die Glatze und sprach: „Das ist ja eher ein Fall für den Gärtner!" So rief die Mutter nach einem Gärtner. Der kam und riss ein Blatt aus Jims rechtem Nasenloch und sprach: „Klarer Fall, da treibt eine
40 Bohne aus! Das muss eine wunderschöne Bohne gewesen sein!" Der Jim nickte. Sprechen konnte er nicht, wegen der Blätter im Mund. Von Stunde zu Stunde wuchs mehr Grünzeug aus Jim. Es wurde immer länger und dichter.

Die Mutter konnte den Jim nicht im Haus behalten. Sie trug ihn
45 in den Garten und setzte ihn ins Rosenbeet. Rechts und links von ihm schlugen sie Stecken in die Erde. Daran band sie die Bohnenranken.

170

Zum Staunen

Gott sei Dank war Sommer. Der Jim fror nicht. Manchmal war ihm sogar recht heiß. Dann spritzte die Mutter ihn mit dem Gartenschlauch ab. Manchmal regnete es. Wenn es fürchterlich schüttete, kam die Mutter und hielt einen Regenschirm über ihn.

Dann begann der Jim zu blühen. Orangefarben waren seine Blüten. Und dann kamen die grünen Bohnen aus Jim. Schöne, gerade, hellgrüne Bohnen. Die Mutter pflückte jeden Tag ein Körbchen voll. Und das Bohnengrünzeug wuchs noch immer weiter. Dunkelgrün und ganz dicht war es jetzt. Jim saß darin wie in einem Zelt. Man konnte ihn fast gar nicht mehr sehen. Manchmal hörte die Mutter ihn husten und niesen, denn es wurde schon Herbst und die Nächte waren recht kalt.

Eines Morgens waren die Bohnenblätter gelb. Zu Mittag waren sie braun. Und am Abend waren die Blätter ganz verdorrt und fielen zu Boden. Die Mutter konnte durch die dürren Ranken auf den Jim sehen. Sie winkte ihm zu, dann lief sie zum Gärtner. Der Gärtner kam und wunderte sich überhaupt nicht. „Bohnen sind einjährige Pflanzen", sagte er. Er holte alle Ranken und Stängel von Jims Kopf und zog sie aus Jims Ohren und Nase und Jims Mund. Das ging leicht und tat dem Jim nicht weh. Jim ging mit der Mutter ins Haus. Die Mutter öffnete den Kühlschrank. Sie zeigte auf sechzig Einsiedegläser voll grüner Bohnen. Sie sagte: „Jim, die sind alle von dir!"

Von nun an aß der Jim jeden Freitag, wenn die anderen Haferbrei bekamen, seine guten, grünen Bohnen. Die Jenny saß vor ihrem Haferbreiteller und zeigte auf Jims grüne Bohnen und schrie: „Das will Jenny haben!" Doch die Mutter sagte bloß: „Jenny, halt den Mund!"

Christine Nöstlinger

Zum Staunen

Die größte Blüte

Die Titanwurz ist die größte Blüte der Welt. Ihre Blüte kann über 3 Meter hoch und 1,50 Meter breit werden.

Sie blüht nur kurz: gerade mal drei Tage. Am ersten Tag öffnet sich die Knospe der Titanwurz. Am zweiten Tag steht sie in voller Blüte. Bereits am dritten Tag aber fällt sie wieder in sich zusammen.

Der höchste Baum

Die Mammutbäume Nordamerikas sind die höchsten und ältesten Bäume der Welt. Im kalifornischen Redwood-Nationalpark steht der höchste Baum der Welt, der 112 Meter hohe „Tall Tree", ein Küstenmammutbaum. Er ist etwa so hoch wie ein 30-stöckiges Gebäude.

Der dickste Baum

Der dickste Baum der Welt ist „General Sherman", ein Riesenmammutbaum. Er steht im Sequoia National Park und hat einen Umfang von 31 Metern. Die ältesten Mammutbäume sollen so alt sein wie die ägyptischen Pyramiden, also über 3000 Jahre.

Zum Staunen

Der schnellste Schwimmer

Der Fächerfisch hat einen extrem stromlinienförmigen Körper. Mit über 100 Stundenkilometern kann er durchs Wasser flitzen. So könnte er ohne Mühe einen Wasserskifahrer überholen.

Der tiefste Taucher

Der Pottwal taucht auf der Suche nach Nahrung über 1000 Meter tief. Das dauert bis zu anderthalb Stunden. Um das zu schaffen, muss der Wal Sauerstoff sparen. Beim Tauchen versorgt er nur die lebenswichtigen Organe wie Gehirn, Herz und Muskeln.

Der langsamste Kletterer

Nur etwa drei Meter weit klettert ein Faultier in der Stunde. Seine Langsamkeit schützt es vor Feinden, wie zum Beispiel Raubvögeln. Weil es sich kaum bewegt, bemerken sie das Faultier häufig gar nicht.

Ich denke mir

Paul Klee

Ich denke mir

Kopfhaus

Ich schau aus meinen Augen
hinaus, wie durch zwei Fenster.
Draußen gehen Leute,
aber drinnen sind Gespenster.
In meinem Kopf, da spukt es.
Da ist es nicht geheuer.
Da geschehen in der Minute
zweihundert Abenteuer.
Mein Kopf ist wie ein Haus
mit siebentausend Räumen.
Und jeder Raum ist voll
mit siebentausend Träumen.
Da draußen gehen Leute,
doch keiner kann herein.
In meinem Haus, in meinem Kopf,
da bin ich ganz allein.

Martin Auer

Pippi findet einen Spunk

„Denkt bloß, was ich gefunden habe", Pippi saß mitten auf dem Küchentisch mit einem glücklichen Lächeln auf den Lippen. „Ein funkelnagelneues Wort!"

„Was für ein Wort?"

5 „Ein wunderschönes Wort. Eines der besten, die ich je gehört habe."

„Sag es doch", bettelte Annika.

„Spunk!", sagte Pippi triumphierend.

„Spunk?", fragte Thomas, „was bedeutet das?"

10 „Wenn ich das bloß wüsste", sagte Pipi. „Das Einzige, was ich weiß, ist, dass es nicht Staubsauger bedeutet."

Thomas und Annika überlegten eine Weile. Schließlich sagte Annika: „Aber wenn du nicht weißt, was es bedeutet, dann nützt es ja nichts!"

15 „Das ist es ja, was mich ärgert", sagte Pippi.

„Wer hat eigentlich zuerst herausgefunden, was die Wörter bedeuten sollen?", fragte Thomas.

„Vermutlich ein Haufen alter Professoren", sagte Pippi. „Und man kann wirklich sagen, dass die Menschen komisch sind. Was für

20 Wörter sie sich ausgedacht haben! Wanne und Holzpflock und Schnur und all sowas – kein Mensch kann begreifen, wo sie das nur herhaben. Aber Spunk, was wirklich ein schönes Wort ist, darauf kommen sie nicht. Ein Glück, dass ich es gefunden habe! Und ich werde schon noch rauskriegen, was es bedeutet."

Astrid Lindgren

176

Ich denke mir

Josefs Vater

Mein Vater kann unsichtbar werden. Er ist nämlich oft da, ohne dass ich ihn sehe. Wenn er unsichtbar ist, sagt er nichts. Das gehört dazu. Wenn er sichtbar ist, frage ich ihn manchmal, wie man das macht: unsichtbar werden.

5 „Also", sagt er, „ich werde es dir mal erklären." Dann räuspert er sich. „Das ist ganz einfach", sagt er. Dann zieht er die Augenbrauen zusammen. „Schau", sagt er. Aber dann kommt immer etwas dazwischen: Besuch, Essen, das Telefon. Er erklärt es mir nie.

Ich denke, dass mein Vater deshalb unsichtbar werden kann,
10 weil er einfach alles kann, also auch unsichtbar werden. Wenn er unsichtbar ist, dann ist er auch unhörbar. Manchmal finde ich das sehr schlimm. Dann renne ich durch die Zimmer und will ihn anrempeln. Aber er macht keinen Mucks. Ob er vielleicht auch unfühlbar sein kann? Oder vielleicht rennt er immer direkt hinter
15 mir her? Ich laufe zickzack, bleibe plötzlich stehen, mache einen Schritt zurück. Nichts. Kein Mucks.

Manchmal jedoch, ganz selten, ist er zwar unsichtbar, aber nicht unhörbar. Dann liege ich sehr still im Bett, in der Dunkelheit. „Mein Vater ist hier", sage ich dann leise zu mir selbst. Dann
20 höre ich ihn rauschen, seinen langen, schwarzen Mantel. Und ich friere. Aber mir kann nichts passieren.

Toon Tellegen

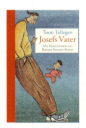

▶ Josefs Vater ist ein ganz besonderer Vater.
Lies nach in „Josefs Vater" von Toon Tellegen.

177

Was ist Glück?

Es war einmal ein Schaf.
Das fraß jeden Morgen beim Sonnenaufgang etwas Gras, lehrte bis mittags die Kinder sprechen, machte nachmittags etwas Sport, fraß
5 dann wieder Gras, plauderte abends etwas mit Frau Meier, schlief nachts tief und fest.

Gefragt, was es tun würde, wenn es mehr Zeit hätte, sagte es: „Ich würde bei Sonnenaufgang etwas Gras fressen, ich würde mit den Kindern reden, mittags!!
10 Dann etwas Sport machen, fressen, abends würd' ich gern mit Frau Meier plaudern, nicht zu vergessen: ein gesunder fester Schlaf!"

„Und wenn Sie im Lotto gewinnen würden?"
„Also ich würde viel Gras fressen, am liebsten bei Sonnenaufgang, viel mit den Kindern sprechen, dann etwas Sport machen, am
15 Nachmittag Gras fressen, abends würde ich gern mit Frau Meier plaudern. Dann würde ich in einen tiefen festen Schlaf fallen."

Jutta Bauer

Was für ein Glück

Die Oma sagt, nachdem ihr die Suppenschüssel aus den Händen gefallen ist:
„Ist ja noch ein Glück, dass keine Suppe drin war."

Der Vater sagt, nachdem er mit dem Auto in den Straßengraben gefahren ist:
„Ist ja ein Glück, dass sich der Wagen nicht überschlagen hat."

Die Mutter sagt, nachdem man ihr die Geldbörse gestohlen hat:
„Ist ja noch ein Glück, dass die Scheckkarte nicht drin war."

Der Opa sagt, nachdem er gestürzt ist und sich die Knie blutig geschlagen hat:
„Ist ja noch ein Glück, dass ich mir nichts gebrochen habe."

Das Kind sagt, nachdem es alles gehört hat:
„Ist ja ein Glück, dass im Unglück noch so viel Glück steckt."

Christine Nöstlinger

Jetzt

Wann ist eigentlich jetzt?
Na, ganz einfach. Jetzt!
Und jetzt?
Jetzt ist auch jetzt!
Aber es war doch gerade jetzt.
Da kann doch nicht schon wieder jetzt sein.
Oder doch?

Gerald Jatzek

Irgendwann fängt etwas an

Etwas endet und etwas fängt an.
Jetzt war vorhin irgendwann.
Gestern ist heute lange vorbei,
und morgen ist morgen heute.
Der nächste Augenblick ist weit ...
Du schwimmst wie ein Schiff auf der Zeit!

Susanne Kilian

Die Ente und der Tod

Schon länger hatte die Ente so ein Gefühl. „Wer bis du – und was schleichst du hinter mir her?"

„Schön, dass du mich endlich bemerkst", sagte der Tod. „Ich bin der Tod."

5 Die Ente erschrak. Das konnte man ihr nicht übel nehmen.
„Und jetzt kommst du mich holen?"
„Ich bin schon in deiner Nähe, solange du lebst – nur für den Fall."
„Für den Fall?", fragte die Ente.

10 „Na, falls dir etwas zustößt. Ich sage nur: Fuchs."
Daran mochte die Ente nicht einmal denken. Davon bekam sie Gänsehaut.
Der Tod lächelte sie freundlich an. Eigentlich war er nett, wenn man davon absah, wer er war – sogar ziemlich nett.

15 „Manche Enten sagen, dass man zum Engel wird und auf einer Wolke sitzt und runter auf die Erde gucken kann."
„Gut möglich", sagte der Tod. „Flügel habt ihr ja immerhin schon."
„Manche Enten sagen auch, dass es tief unter der Erde eine Hölle
20 gibt, wo man gebraten wird, wenn man keine gute Ente war."
„Erstaunlich, was ihr Enten euch so erzählt – aber wer weiß."
„Du weißt es also auch nicht!", schnatterte die Ente.
Der Tod schaute sie nur an.

Wolf Erlbruch

Zwei Stifte

Ein Bleistift und ein Farbstift stritten sich, wer von ihnen wichtiger sei. Um zu zeigen, was er konnte, zeichnete der Bleistift ein Ruderboot, ein Segelschiff, ein Floß, ein Kanu, einen Dampfer. Der Farbstift, der ein Blaustift war, malte ein Meer nach dem anderen.

5 Als die beiden müde, durstig und fast stumpf geworden waren, sagte der Farbstift: „Zeichne mir ein Glas, lieber Bleistift, damit ich mein Wasser hineinmalen kann."
„Hast du etwas dagegen, wenn ich zwei Gläser zeichne?", fragte der Bleistift.

Jürg Schubiger

Der Dieb

Ein Mann vermisste einmal sein Handy. Er schaute unter dem Bett nach, auf seinem Schreibtisch und auf der Kommode des Badezimmers. Als er es an keinem dieser Orte fand, kam ihm der Verdacht, es könnte gestohlen worden sein. Er wusste auch sofort,
5 wer sein Handy gestohlen haben musste, nämlich der junge Mann im oberen Stock. Er begann ihn zu beobachten, und er sah ganz klar, dass der junge Mann die Bewegungen eines Handydiebes hatte, auch seine Blick waren die eines Handydiebes, und erst recht seine Kleider – es waren die typischen Kleider eines Handydiebes!

10 Die Frage war jetzt nur noch, wie er ihm den Diebstahl beweisen konnte. „Das Beste wäre", dachte der Mann, „ich warte, bis er fort ist, dringe dann in seine Wohnung ein und durchsuche alles." Der Mann wollte zu diesem Zweck Handschuhe anziehen, öffnete seinen Kleiderschrank und fand dort sein Handy, das in
15 der Brusttasche seines Trainingsanzuges steckte.

Und seltsam, als er den jungen Mann im Treppenhaus das nächste Mal anschaute, hatte dieser plötzlich nicht mehr die Bewegungen eines Handydiebes, auch seine Blicke waren überhaupt nicht die eines Handydiebes, und Kleider wie er trug heute fast jeder jün-
20 gere Mensch.

Der junge Mensch aber wunderte sich, dass ihn der Mann aus dem oberen Stockwerk so anschaute. „Der sieht mich ja an", dachte er, „als hätte er mich bestohlen."
Er vermisste nämlich seit gestern sein Handy.

Franz Hohler

Seltsamer Spazierritt

1. Szene

Sprecher: Vater und Sohn waren auf dem Wochenmarkt in der Stadt. Sie haben alles verkauft, was sie in ihren Körben hatten. Nun kehren sie heim. Der Vater reitet auf seinem Esel. Sein Sohn läuft nebenher.

Der Vater pfeift vergnügt ein Lied. Denn auf dem Rücken des Esels geht es ihm gut.

Sohn: Ach Vater, wie weit ist es noch bis nach Hause? Mir tun die Füße so weh! Kann ich nicht auch mal auf dem Esel reiten?

Vater: In deinem Alter bin ich jede Woche zum Markt gelaufen. Du hast doch junge Beine.

Esel: I-A, I-A, I-A.

1. Wanderer: Ja, was sehe ich denn da? Lässt da wirklich ein Vater seinen armen kleinen Sohn nebenher laufen? Herr, Ihr habt doch viel größere Füße. Der Junge kann ja nicht mehr. Seht nur, wie elend er aussieht. Lasst ihn sofort aufsitzen und lauft selber.

2. Szene

Sprecher: Der Vater hört die Worte, schämt sich und steigt ab.

Vater: Komm her, mein Sohn, und steige auf. Ich werde das Stück bis nach Hause zu Fuß schon schaffen. Außerdem freut sich der Esel. Du bist leichter als ich.

Sohn: Oh, vielen Dank, lieber Vater! Hier lässt es sich aushalten.

Esel: I-A, I-A, I-A.

2. Wanderer: Ja, gibt's denn sowas? Willst du junges Bürschlein wohl sofort ein Stückchen Platz machen und deinen armen alten Vater mitreiten lassen? Schämst du dich nicht? Man soll seine Eltern ehren!

Sprecher: Nun sitzen beide auf dem alten Esel. Der muss jetzt eine doppelte Last schleppen. Die beiden Reiter aber pfeifen vergnügt ein Lied.

Ich denke mir

3. Szene

Sprecher: Da naht ein dritter Wanderer. Auf seinem Rücken schleppt er einen großen Korb.

3. Wanderer: Ich glaube, ich träume! So was hat die Welt noch nicht gesehen. Da kommen zwei gesunde, kräftige Menschen auf dem elenden Esel dahergeritten. Das ist Tierquälerei! Man sollte euch herunterprügeln.

Vater: Oh, Recht hat der Mann. Wir haben unserem Tier wohl zu viel zugemutet. Komm, wir steigen lieber ab.

Sohn: Es ist ja nicht mehr weit. Ich sehe schon den Kirchturm und unser Hausdach. Außerdem können wir laufen und trotzdem unser Lied pfeifen.

Esel: I-A, I-A, I-A.

4. Szene

Sprecher: Kurz vor dem Dorf begegnet ihnen ein vierter Wanderer. Er trägt ein Bündel auf dem Rücken und seinen Hund auf dem Arm.

4. Wanderer: Ja, so etwas gibt es doch wohl nicht. Da kommen zwei Erschöpfte neben ihrem Esel her gelaufen und keiner reitet und lässt es sich wohl sein.

Vater: Hast du das gehört?

Sohn: Ja, und nun? Was machen wir denn jetzt?

Vater: Siehst du den dicken Stock da im Straßengraben? Hol ihn her und hilf mir, die Beine des Esels zusammenzubinden.

Sohn: Du musst die Knoten festerziehen, damit ich den Stock durchschieben kann.

Esel: I-A, I-A, I-A.

Sprecher: So laden sich Vater und Sohn die schwere Last auf ihre Schultern und tragen den Esel nach Hause.

Vater: Noch ein paar Schritte und es ist geschafft.

Sprecher: Ja, ja! Soweit kann es kommen, wenn man es allen Leuten recht machen will.

nach Johann Peter Hebel

Durch das Jahr

Paul Klee

Die Welt ist allezeit schön

 Im Frühling prangt die schöne Welt
in einem fast smaragden Schein.

Im Sommer glänzt das reife Feld,
und scheint dem Golde gleich zu sein.

 Im Herbste sieht man, als Opalen,
der Bäume bunte Blätter strahlen.

Im Winter schmückt ein Schein, wie Diamant
und reines Silber, Flut und Land.

Ja kurz, wenn wir die Welt aufmerksam sehn,
ist sie zu allen Zeiten schön.

Barthold Heinrich Brockes

Wie?

Ich ess dich gleich auf.
Willst du noch was sagen vorher?
Wie?

Vom Frühling erzählst du mir?
5   Als du noch eine weiß blühende Blüte warst,
mit den Tulpen um die Wette strahltest
und sich alle Kinder und Bienen an dir erfreuten?
Wie?

Vom Sommer erzählst du mir?
10 Als grün, klein und hart du noch warst,
die Kinder sich in deinem Schatten ausruhten
und die Bäuerin auf eine gute Ernte hoffte?
Wie?

Vom Herbst erzählst du mir?
15 Als rot und saftig du die Vögel anlocktest,
die großen Kinder mit den langen Leitern anmarschiert kamen
und dich zuallererst pflücken wollten?
Wie?

Vom Winter erzählst du mir?
20 Als du im dunklen Keller lagst mit hundert anderen,
bis dich die Kinder in die Küche holten und dich
die Bäuerin auf Hochglanz polierte?

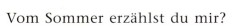

Durch das Jahr

Eine schöne Geschichte
erzählst du mir da,
25 schöner, roter Apfel:
Die ess ich gleich mit!

Hättest du von einem kleinen
gelben Wurm erzählt,
hätt ich dich
30 wohl leben lassen.

Bruno Blume

Herbst

Wenn unter der Decke
aus leichten Blättern
die Erde zu schlafen beginnt,
wenn die Vögel
5 nicht mehr singen,
wenn hier und da
Regenschirme aufspringen,
wenn man jemanden husten hört,
wenn ein Kind
10 nicht mehr barfuß läuft,
dann ist Herbst.

Roberto Piumini

Nina und der Wald

Nina und der Großvater gehen im Wald spazieren. Nina schiebt Blätterhaufen vor sich her. Das raschelt so schön. Blätter fliegen ringsum wie Schmetterlinge. Der Großvater bleibt stehen. „Horch!", sagt er.

5   Nina bleibt auch stehen. Sie hört Äste knacken. Sie hört, wie ein kleines Tier durchs Gestrüpp wuselt. Sie hört einen Vogel rufen, ganz leise: „Zi-witt!" Sie hört den Wind in den Blättern rauschen. Der Großvater legt den Finger auf den Mund. Nina horcht, so sehr sie kann. Sie hört in der Ferne die Autos sausen. Sie hört ihren
10 eigenen Atem und den vom Großvater.
„Hörst du die Stille?", fragt der Großvater eine Weile später.
„Nein", sagt Nina.

Renate Welsh

Süßes raus oder es spukt im Haus!

Am 31. Oktober, am Tag vor Allerheiligen, ist Halloween. An diesem Abend verkleiden sich Kinder als Hexen, Gespenster und andere gruselige Gestalten. Sie ziehen durch die Nachbarschaft und erschrecken Kinder und Erwachsene. Dabei rufen oder singen sie
5 den berühmten Halloween-Spruch „Trick or treat". Nur wer den Kindern Süßigkeiten gibt, wird in Ruhe gelassen. Alle anderen müssen mit kleinen Streichen rechnen.

Vor vielen hundert Jahren feierten die Menschen in England in jedem Herbst ein Fest. Sie glaubten, dass in der Nacht des Festes alle Geister
10 die Erde besuchen und auf ihr herumspuken. Später nannte man dieses Fest Halloween. Aus dem englischen „All Hallows' Evening" wurde im Laufe der Zeit „Hallows' E'en" und schließlich „Halloween". Heute wird Halloween in vielen Ländern gefeiert.

Regina Sievert

Durch das Jahr

Novembertag

Nebel hängt wie Rauch ums Haus,
drängt die Welt nach innen;
ohne Not geht niemand aus,
alles fällt in Sinnen.

Leiser wird die Hand, der Mund,
stiller die Gebärde.
Heimlich, wie auf Meeresgrund,
träumen Mensch und Erde.

Christian Morgenstern

Der Lucia-Tag in Schweden

Am 13. Dezember feiert man in Schweden den Lucia-Tag. Am Morgen verkleidet sich das älteste Mädchen einer Familie als Heilige Lucia. Sie trägt ein weißes Kleid mit einem roten Seidenband um die Taille und auf dem Kopf einen geflochtenen Kranz mit Kerzen. Mit einem
5 Lied wecken sie und ihre Geschwister die Eltern und bringen ihnen besondere Gebäckstücke, die man „Lussekatter" nennt, und Kaffee ans Bett. Den ganzen Tag lang wird gefeiert. Nicht nur in den Schulen, sondern in allen Orten des Landes finden Umzüge und Feste statt.

Die Namensgeberin dieses
10 Festes stammt aus Italien. Der Legende nach soll die Heilige Lucia Menschen geholfen haben, die wegen ihres Glaubens verfolgt
15 wurden. Sie half ihnen, sich zu verstecken und brachte ihnen zu Essen. Damit sie die Hände frei hatte, trug sie einen Kranz mit brennen-
20 den Kerzen auf dem Kopf.

Regina Sievert

Durch das Jahr

Lussekatter backen

Du brauchst:

50 g flüssige Butter oder Margarine
150 lauwarme Milch
350 g Mehl
1 Päckchen Trockenhefe
50 g Zucker
1 Messerspitze Safran
1 Prise Salz
1 Ei
Rosinen
1 Eigelb

So wird es gemacht:

1. Verrühre die flüssige Butter mit der lauwarmen Milch.
2. Mische das Mehl mit der Trockenhefe, dem Zucker, dem Safran und dem Salz.
3. Gib die Milch und das Ei hinzu und verknete alles zu einem glatten Teig.
4. Stelle den Teig zugedeckt an einen warmen Ort und warte, bis er doppelt so groß geworden ist.
5. Teile den Teig in 20 Stücke, forme daraus „Lussekatter" und verziere sie mit Rosinen.
6. Lass sie auf einem Backblech mit Backpapier noch einmal 15 Minuten gehen.
7. Bestreiche die Lussekatter mit dem Eigelb und backe sie bei 200°C ca. 10 Minuten.

Der lebendige Weihnachtsbaum

Es war ein frostiger Tag und ein durchfrorener Vater suchte einen Weihnachtsbaum. Aber im Wald war nichts mehr zu finden. Jetzt stand er da im Frost und ohne Weihnachtsbaum. Da kam ein Hirsch
5 auf ihn zu und sagte mit Menschenstimme: „Ich weiß, du suchst einen Weihnachtsbaum, und ich will schon immer einer werden. Schau, mein Geweih. Es ist mit Moos überwachsen, es glitzert und riecht nach Tannennadeln."
10 Und es roch wirklich nach Tannennadeln.

„Komm doch mit", sagte der Vater. „Aber du darfst nichts verraten." „Ist doch klar", sagte der Hirsch. „Nur möchte ich, dass der Stern auf der Spitze ganz golden ist, und viele farbige Kugeln möchte ich auch."
15 „Kann ich auf dir auch Kerzen anzünden?", fragte der Vater. „Ja", sagte der Hirsch, „aber sei bitte vorsichtig mit dem Engelshaar."

So nahm der Vater den Hirsch mit nach Hause und schmückte ihn ganz geheim, aber geschmackvoll.
20 „Röhren darfst du nicht", sagte der Vater, „als Weihnachtsbaum musst du deine Schnauze halten." „Welcher Weihnachtsbaum röhrt schon?", fragte der Hirsch entrüstet.

Durch das Jahr

25 Die Kinder waren begeistert und riefen: „Also, so ein Weihnachtsbaum! Der ist ja wirklich einmalig!" „Der ist wirklich einmalig", sagte der Vater und zwinkerte zum Hirsch. Der Hirsch zwinkerte zurück.

Später am Abend hörte man auf einmal vor dem Fenster ein leises Röhren. Da wurde der Weihnachtsbaum unruhig
30 und dann röhrte er auch. Die Kinder sagten: „Papi, der Weihnachtsbaum röhrt."
„Was einem heutzutage alles als Weihnachtsbaum verkauft wird", sagte der Vater. „Unglaublich." Da sagte der Weihnachtsbaum: „Entschuldigt bitte, aber mein
35 bester Freund ist da." Und er röhrte ganz wehmütig.

Dann ging er hinaus in die weiße Sternennacht. Die Kinder liefen ihm nach, weil ihnen der Weihnachtsbaum so gefiel. Sie gingen hinter den beiden Hirschen her bis zur Lichtung. Da waren viele Tiere versammelt, die sich
40 über den Weihnachtsbaum freuten. Der Weihnachtsbaum röhrte ein Lied und die Tiere summten mit.

Ludvik Askenazy

197

O Tannenbaum

O Tannenbaum, o Tannenbaum,
wie grün sind deine Blätter.
Du grünst nicht nur zur Sommerzeit,
nein, auch im Winter, wenn es schneit.
O Tannenbaum, o Tannenbaum,
wie grün sind deine Blätter.

Oh Christmas tree, oh Christmas tree,
how lovely are your branches.
In summer sun or winter snow,
a coat of green you always show.
Oh Christmas tree, oh Christmas tree,
how lovely are your branches.

Qué verdes son, qué verdes son
las hojas del abeto.
En Navidad qué hermoso
está con sun brillar de luces mil.
Qué verdes son, qué verdes son
las hojas del abeto.

Mon beau sapin, roi des forêts,
que j'aime ta verdure!
Quand vient l'hiver bois et guérets
sont dépouillés de leurs attraits.
Mon beau sapin, roi des forêts,
tu gardes ta parure.

Durch das Jahr

Wisst ihr noch, wie es geschehen?

Wisst ihr noch, wie es geschehen?
Immer werden wir's erzählen:
Wie wir einst den Stern gesehen
mitten in der dunklen Nacht.

5 Stille war es um die Herde
und auf einmal war ein Leuchten
und ein Singen ob der Erde,
dass das Kind geboren sei.

Könige aus Morgenlanden
10 kamen reich und hoch geritten,
dass sie auch das Kindlein fanden.
Und sie beteten es an.

Immer werden wir's erzählen,
wie das Wunder einst geschehen
15 und wie wir den Stern gesehen
mitten in der dunklen Nacht.

Hermann Claudius

Das Marzipanschwein

In einer Konditorei war um das Jahresende herum ein Marzipanschwein ausgestellt. Einmal sah es durch das Schaufenster, wie auf einem Lastwagen richtige Schweine vorbeifuhren.
„Die werden geschlachtet", sagte eine Rübentorte, „und dann isst man sie auf."
Da atmete das Marzipanschwein ganz tief. „Zum Glück", dachte es, „blüht mir kein solches Los." Und es stellte sich vor, wie es noch lange in diesem Fenster stehen und alles beobachten würde, was auf der Straße vorging, und wie sich vielleicht einmal ein zweites Marzipanschwein zu ihm gesellen würde, und wie sie dann zusammen kleine Marzipanschweinchen haben würden, denen es alles erzählen würde, was es wüsste, und es freute sich ungemein auf ein langes und erfülltes Leben.

Franz Hohler

Durch das Jahr

weißen ich schneen
frier beißen finger
fußen eis rutschen
nasen ich tropf-tropf

Ernst Jandl

Schneeflocke

Komm, kleine weiße Schneeflocke,
und leg dich auf mein Haar.
Erzähl von allen Sternen
und allen Ländern fern und nah.

5 Komm, kleine weiße Schneeflocke,
und grüße meine Hände.
Erzähl mir, woher du kommst
und wo deine Reise endet.

Kommt, alle weißen Schneeflocken,
10 kommt alle dicht heran,
sodass ich meinem Bruder
einen Schneeball
in den Nacken werfen kann.

Halfdan Rasmussen

Schneemannslos

Den weißen Schneemann Fridolin
verlockte ein Plakat,
zum Faschingsfest davonzuziehen
in ein Hotel der Stadt.

5   Den weißen Schneemann Fridolin
betrachtete man gern,
und alle Welt begrüßte ihn
wie einen richtgen Herrn.

Die Maske ist ganz meisterlich!
10 So hieß es rings im Kreis.
Man gab dem Schneemann öffentlich
den ersten Maskenpreis.

Den weißen Schneemann Fridolin
erstaunte der Applaus.
15 Er sagte: Wie ich heute bin,
so seh ich immer aus!

James Krüss

Er ist's

Frühling lässt sein blaues Band
wieder flattern durch die Lüfte;
süße, wohlbekannte Düfte
streifen ahnungsvoll das Land.
Veilchen träumen schon,
wollen balde kommen.
– Horch, von fern ein leiser Harfenton!
Frühling, ja du bist's!
Dich hab' ich vernommen!

Eduard Mörike

lassen lässt

lassen
    lässt
blasen
    sein
lassen
    blaues
blasen
    band
lassen
    wieder
blasen
    flattern
lassen
    durch
blasen
    die
lassen
    lüfte
blasen
    lassen
frühling
    blasen
lässt
    lassen
sein
    blasen
blaues
    lassen
band
    blasen
wieder
    lassen
flattern
    blasen

Ernst Jandl

Gefunden

Ich ging im Walde
so für mich hin,
und nichts zu suchen,
das war mein Sinn.

5 Im Schatten sah ich
ein Blümchen stehn,
wie Sterne leuchtend,
wie Äuglein schön.

Ich wollt es brechen,
10 da sagt es fein:
Soll ich zum Welken
gebrochen sein?

Ich grub's mit allen
den Würzlein aus,
15 zum Garten trug ich's
am hübschen Haus.

Und pflanzt es wieder
am stillen Ort;
nun zweigt es immer
20 und blüht so fort.

Johann Wolfgang von Goethe

Eine Ostergeschichte

Ein Osterhase sah hinter einem parkenden Auto
auf der Landstraße das rote Dreieck stehen.
„Ei, ei!", sagte der Osterhase.
„Untersteh dich!", rief das Dreieck. „Rühr mich nicht an!
Was bleibt von mir übrig, wenn du …?"
„Ein Dreck!", sagte der Osterhase,
nahm das Ei und ging davon.

Mira Lobe

Ostereier

Eier hat der Hase
da und dort versteckt.
Wie er in den Garten kam
durch die Hecke
irgendwo – keiner hat's entdeckt.

Ob er aber oberhalb
oder aber unterhalb
oder aber ob er gar
durch das Türlein kroch –
Hauptsache,
er fand ein Loch!

Josef Guggenmos

Wo man Geschenke verstecken kann

In alten, verstaubten Bauerntruhen,
in ausgelatschten Wanderschuhen,
auf Wohnzimmerschränken, in Blumenvasen,
ja selbst in Bäuchen von flauschigen Hasen,
5   in Einzelsocken, ohne Loch,
und eine Möglichkeit wäre noch,
das Geschenk unter die Matratze zu legen.
Das ist nicht so gut der Bequemlichkeit wegen.
Der Toilettenspülkasten eignet sich nicht,
10 denn welches Geschenk ist schon wasserdicht.
Ob sperrig, ob handlich, ob groß oder klein:
Geschenkeverstecken muss einfach sein.
Das einzige Schwierige daran ist,
dass man das Versteck so leicht vergisst.

Regina Schwarz

Wie hieß dieser Vogel doch gleich?

Ein Engländer konnte und konnte sich nicht mehr daran erinnern, wie dieser Vogel hieß.

„Es ist ein Kruckuck", sagte er. „Ach nein, nicht Kruckuck – Kurckuck! Oder nein, nicht Kurckuck, sondern Kurickuck.
5 Verdammt! Nicht Kurickuck – Kiruckuck. Quatsch, auch nicht Kiruckuck, sondern Kuruckuck."

Soll ich Euch eine Geschichte erzählen von diesem Kruckuck? Das heißt, nicht Kruckuck – Kurckuck! Oder nein, nicht Kurckuck, sondern Kurickuck. Verdammt! Nicht Kurickuck – Kuruckuck.
10 Quatsch, nicht Kuruckuck, sondern Kuruckruck!
Nein, wieder verkehrt! Kurickiruck? Nein, nicht Kurickiruck! Kuruckiruck? Nein, auch verkehrt!

Ich habe vergessen, wie dieser Vogel heißt.
Aber hätte ich es nicht vergessen, dann
15 würde ich Euch eine Geschichte
erzählen von diesem
Kruckurckurickiruckuruckruck.

Daniil Charms

Durch das Jahr

Komm, lieber Mai und mache

Komm, lieber Mai und mache
die Bäume wieder grün!
Und lass mir an dem Bache
die kleinen Veilchen blühn!

5 Wie möcht ich doch so gerne
ein Blümchen wieder sehn!
Ach, lieber Mai, wie gerne
einmal spazieren gehn!

Ach, wenn's doch erst gelinder
10 und grüner draußen wär!
Komm, lieber Mai, wir Kinder,
wir bitten gar zu sehr!

O komm! und bring vor allem
recht viele Veilchen mit!
15 Bring auch viel Nachtigallen
und schöne Kuckucks mit!

Christian Adolph Overbeck

Die Idee

Im grünen Gras
Der gelbe Schlauch.
Die Hängematte.
Papas Bauch.

5 Der Wasserhahn
Im Sonnenstrahl.
Ideen fließen.
„Mach doch mal!"

Du weißt noch nicht,
10 was wäre, falls.
Magenkribbeln.
Kloß im Hals.

Dann drehst du auf:
Eiskalte Pracht.
15 Und Papa wehrt sich.
Wasserschlacht!

Helge May

Die Rollstuhlprinzessin

Endlich geht es an den Strand! Kittys Mama baut ein Sonnensegel. Oma klappt den Campingtisch auseinander. Bea, Lauras Mama, trägt Laura auf dem Rücken zum Wasser hinunter. „Bea müsste Laura ja nicht tragen. Laura kann doch krabbeln. Wenn Laura immer so verhätschelt wird, ist es kein Wunder, dass sie sich wie eine Prinzessin benimmt", denkt Kitty. Sie klemmt ihr Schlauchboot unter den Arm und läuft zum Wasser.

Laura sitzt immer noch am gleichen Fleck, als Kitty langsam zurückpaddelt. „Macht bestimmt total viel Spaß … Schlauchbootfahren, was?", fragt Laura.

„Kannst ja mal mitkommen", sagt Kitty.

„Wann?" Laura strahlt.

„Na, jetzt gleich am besten", antwortet Kitty. „Also komm!"

Das kleine Stück zum Boot kann Laura krabbeln. Dann schiebt Kitty sie vorsichtig in das Boot hinein und zieht es an einer Schnur durchs das Wasser. „Ist das vielleicht toll", jubelt Laura.

Aber zurück müssen sie jetzt trotzdem. Am Ufer stehen Bea, Mama und Oma und winken wie wild. „Na, prost Mahlzeit", stöhnt Kitty. „Das wird vielleicht Ärger geben." Mama meckert. Oma meckert. Bea tadelt Kitty.

„Aber ich wollte doch unbedingt mit", ruft Laura zornig. „Immer behandelst du mich wie ein Baby, Mama!" Bea ist sprachlos. So kennt sie Laura gar nicht. „Und morgen gehe ich mit Kitty wieder Schlauchbootfahren … und übermorgen … und jeden Tag!"

Martina Dierks

Das Klassenzimmer

Es war Sommer, es war heiß und es war still im Klassenzimmer. Es war so entsetzlich still, so stillstill, dass man ein Kreidekrümelchen von der Wandtafel zu Boden fallen hören konnte. Nur die Tische und Stühle waren noch da, das Lehrerpult, die Wandtafel und die
5 bunten Zeichnungen an der Wand.

Da hielt es die Wandtafel nicht mehr aus und zog grillend und schrillend einen Kreidestrich über sich und schrie: „Ich halte das nicht mehr aus! Das ist doch kein Leben!"
„Aber, aber", mahnte das Lehrerpult, wer wird denn gleich so
10 übertreiben! So schlimm ist das auch wieder nicht. Wir sollten die Stille genießen."

„Du hast gut reden", riefen nun die Stühle und Tische. „Dir macht die Stille ja nichts aus. Du bist eher froh, wenn du deine Ruhe hast."
15 „Das kommt daher, weil du nicht so beliebt bist wie wir", riefen die Tische.
„Aber klar", bestätigten die Stühle.

„Was heißt da: beliebt?", meldeten sich die Fenster zu Wort. „Wenn es um Beliebtheit geht, sind wir doch wohl die Allerbeliebtesten
20 im Raum. Wo wird denn in einer Schulstunde am meisten hingesehen? Auf uns und durch uns durch natürlich", sagten die Fenster stolz.

Durch das Jahr

„Freunde", sagten die bunten Zeichnungen an den Wänden, „wir streiten uns doch nur, weil uns die Kinder fehlen. Ehrlich gesagt, uns fehlen sie auch. Ohne Kinder sind wir doch alle nichts. Jedenfalls nichts Rechtes und Gescheites. Also sollten wir uns zusammennehmen. Es sind doch nur noch drei Tage. Also seid friedlich!"

„Hm", sagte das Lehrerpult und seufzte. „Na gut. Drei Tage!"
„Einverstanden", sagten die Stühle und Tische. „Drei Tage!"
„Nun denn", sagten auch die Fenster. „Drei Tage! Wir wollen sehen."
„Also", sagte die Wandtafel „Von mir aus. Drei Tage!"

Da wurde es wieder still im Klassenzimmer. Es war Sommer, es war heiß, es waren Ferien und sie dauerten nur noch drei lange Tage lang.

Peter Maiwald

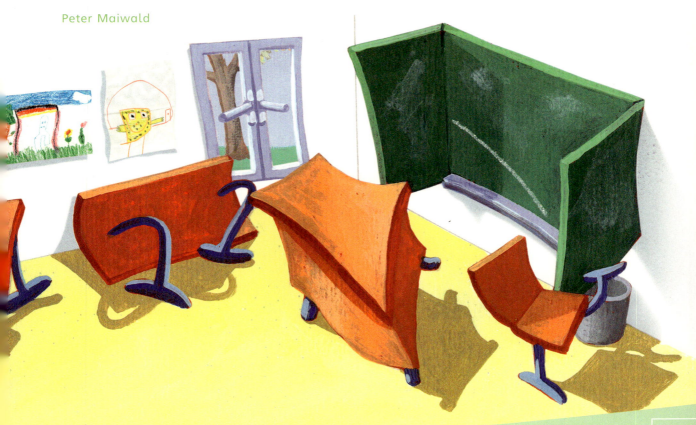

213

Anhang

Stichwortverzeichnis

Abenteuer:	30, 40
Aggressionen:	13, 14, 74, 75, 84, 90, 91, 94, 103, 150, 182
Alte Menschen:	30, 92, 191
Alte Zeiten:	18, 34, 40, 43, 45, 137–147, 153
Andere Länder:	9, 20, 35, 70, 82, 84, 153, 192, 194
Anderssein:	74, 77, 91, 98, 166, 167, 168, 211
Angst:	30, 40, 138
Arbeit:	20, 49, 84, 118
Armut:	66, 140, 141
Eifersucht:	127
Essen:	9, 60, 61, 195, 200
Familie:	8, 19, 36, 45, 62, 66, 88, 90, 92, 98, 114, 131, 140, 146, 150, 166, 167, 168, 169, 177, 179, 196, 202, 210, 211
Fantasie:	17, 28, 29, 43, 45, 123, 125, 126, 127, 131, 153, 161–171, 176, 177, 193, 208
Ferien:	7, 10, 211, 212
Feste und Feiern:	13, 158, 192, 194, 196, 198, 199, 206, 207
Freizeit:	98, 116, 117
Freundschaft:	7, 8, 24, 78, 98, 99
Gemeinschaft:	13, 14, 30, 48, 50, 58, 66, 87, 116, 117, 138, 182, 183
Ichsein:	95, 96, 98, 175, 178
Internet:	113, 114, 116, 118
Krankheit:	92
Medien:	113–121
Mut:	40, 95
Nachdenken:	175–185
Natur und Umwelt:	23, 27–41, 72, 77, 152, 153, 169, 172, 187, 188, 190, 191, 202, 209
Schule:	7–15, 44, 50, 58, 66, 96, 126, 127, 137, 138, 164
Sport:	24, 57, 58, 62, 66
Technik:	17–25, 40, 49, 113–121, 145, 146
Tiere:	32, 36, 40, 50, 69–85, 103, 126, 149–159, 173
Tod:	181
Wetter:	18, 23, 27–41, 72, 201, 204
Zeit:	180

Verzeichnis der Textarten

Anleitungstext:	37, 55, 61, 124, 144, 152, 195
Bericht:	18, 40, 45, 47, 54, 140
Bildergeschichte:	9, 94, 117, 131, 168
Brief:	96
Dialogtext:	14, 99, 180

Anhang

Erzähltext:	8, 13, 19, 24, 36, 44, 48, 50, 58, 62, 66, 72, 78, 80, 84, 88, 90, 92, 94, 98, 114, 118, 126, 127, 138, 142, 150, 162, 166, 167, 169, 176, 177, 178, 179, 181, 182, 183, 191, 196, 200, 206, 207, 211, 212
Erzähltext zum Weiterschreiben:	10, 30, 96, 128, 156
Fabel:	74, 75, 103
Gedicht/Lied:	7, 17, 22, 27, 28, 32, 38, 39, 43, 53, 55, 57, 60, 69, 76, 77, 81, 87, 91, 95, 101, 113, 116, 125, 130, 137, 141, 145, 149, 153, 161, 164, 165, 175, 180, 187, 188, 190, 193, 198, 199, 201, 202, 203, 204, 205, 206, 207, 209, 210
Interview:	49
Limerick:	22, 116
Rätseltext:	101–111
Reime:	123, 139
Sachtext:	20, 23, 34, 35, 37, 46, 70, 82, 146, 153, 154, 172, 173, 192, 194
Spielstück:	132, 158, 184
Visuelle Poesie:	33, 64, 65
Witz:	12, 121
Zeitungsartikel:	36, 77, 94
Lesehinweis:	8, 11, 41, 44, 45, 46, 49, 58, 97, 102, 119, 127, 129, 135, 139, 155, 163, 177
Hör-CD zum Text:	10, 19, 30, 39, 44, 49, 57, 60, 62, 76, 78, 95, 96, 99, 101, 109, 114, 128, 137, 138, 149, 156, 162, 178, 184, 187, 198, 208, 209

Texte für besondere Leseübungen

Genaues Lesen:	57, 101–111, 120, 121, 165, 172, 173, 195, 208
Fremdsprachige Wörter lesen:	9, 13, 20, 66, 192, 198
Sinnbetontes Vorlesen üben:	7, 12, 14, 22, 27, 28, 29, 39, 50, 73, 91, 123, 125, 130, 137, 164, 188, 203, 204, 207
Texte in ungewohnter Anordnung lesen:	33, 64, 65
Texte in unterschiedlicher Schrifttype lesen:	33, 123, 139
Ungewöhnliche Wörter lesen:	39, 65, 77, 91, 176, 201, 208
Vergleichendes Lesen:	28, 29, 120, 121
Wörter mit fehlenden Buchstaben lesen:	111, 206
Wörter mit verstellten Buchstaben lesen:	110
Wortgrenzen erkennen:	87, 110

Quellennachweis

Aesop: *Der Löwe und der Bär; Der Wolf und das Lamm* aus: Johannes Irmscher (Hg.): Sämtliche Fabeln der Antike, Anaconda: Köln 2006.

Anders, Günther: *Der Löwe* (bearb.) aus: Irmgard Harrer (Hg.): Das Fabelbuch von Aesop bis heute, Annette Betz Verlag im Verlag Carl Ueberreuther: Wien, München 2003.

Anger-Schmidt, Gerda: *Vom Streiten und Versöhnen* (Originaltitel: Vom Streiten, Dröhnen und Versöhnen, gek.) aus: Sei nicht sauer, meine Süße!, Patmos: Düsseldorf 1997.

Anton, Martin: *Eine schöne Geschichte* (bearb.) aus: Hans-Joachim Gelberg (Hg.): Großer Ozean, Beltz und Gelberg: Weinheim und Basel 2000.

Arold, Marliese: *Der Spitzensportler* (Originaltitel: Das geheime Training, gek.), Erika Klopp: Hamburg 2006

Askenazy, Ludvik: *Der lebendige Weihnachtsbaum* (gek.) aus: Du bist einmalig, Middelhauve: München 1990.

Auer, Martin: *Kopfhaus* aus: Was niemand wissen kann, Beltz: Weinheim und Basel 1986.

Banscherus, Jürgen: *Schnelle Flitzer* (Originaltitel: Kommt ein Skateboard geflogen; bearb.), Arena: Würzburg 1991.

Bauer, Jutta: *Was ist Glück?* (gek.) aus: Selma, Lappan: Oldenburg 1997.

Blacker, Terence: *Kalt erwischt* (gek.); *Zauberhafte Miss Wiss* (gek.) aus: Zauberhafte Miss Wiss, aus dem Englischen von Anu Stohner, Beltz und Gelberg: Weinheim und Basel 2000.

Blanck, Ulf: *Computerschaden* (bearb.) aus: Die drei ??? Kids, Internetpiraten, dtv: München: 2007.

Blume, Bruno: *Wie?*, Niederösterreichisches Pressehaus: St. Pölten 2005.

Biet, Pascal: *Der Wolf* (Originaltitel: Der kultivierte Wolf), übersetzt von Andrea Grotelüschen, Lappan: Oldenburg 2008.

Boddin, Heidrun: *Die Käferparty* (Originaltitel: Knaps der Knipser & die Käferparty, bearb.), Aufbau: Berlin 2002.

Boie, Kirsten: *Das Möwenweg-Monster; Fit für den „Sponsored Walk"* aus: Geburtstag im Möwenweg (bearb.) Oetinger: Hamburg 2003.
Kann doch jeder sein, wie er will (bearb.), Oetinger: Hamburg 2002.
Nix war in der Schule los aus: Verflixt – ein Nix! Oetinger: Hamburg 2003.

Brockes, Barthold Heinrich: *Die Welt ist allezeit schön* aus: Der Schöpfungsgarten, Westermann: Hamburg 1917.

Bruhns, Dietmar: *Wildschweine in Reinickendorf* (bearb.) aus: Berliner Zeitung vom 25.05.1999.

Buck, Siegfried: *Astrid Lindgren* aus: Bausteine Lesebuch 3, Diesterweg: Braunschweig 2004.

Busch, Wilhelm: *Lehrer Lämpel* aus: Das Gesamtwerk des Zeichners und Dichters Wilhelm Busch, Bd. 1: Max und Moritz. Eine Bubengeschichte in sieben Stücken, Fackelverlag: Olten, Stuttgart, Salzburg 1959.

Bydlinski, Georg: *Ausreden in der Schule* aus: Wasserhahn und Wasserhenne, Dachs: Wien 2002.
Noch schneller aus: Ein Gürteltier mit Hosenträgern, Dachs: Wien 2005.

Charms, Daniil: *Wie hieß dieser Vogel doch gleich?* aus: Zwischenfälle, Luchterhand: München 2003.

Claudius, Hermann: *Wisst ihr noch, wie es geschehen?* aus: Sophie Härtling (Hg.): O du fröhliche! das Weihnachtsliederbuch, Oetinger: Hamburg 2002.

DiCamillo, Kate: *Winn-Dixie* (bearb.), übersetzt von Sabine Ludwig, dtv: München 2001.

Dierks, Martina: *Die Rollstuhlprinzessin* (gek.) Altberliner: Berlin, München 1997.

Dörrie, Doris: *Anna Anders* (Originaltitel: Mimi; gek.), Diogenes: Zürich 2002.

Enquist, Per Olov: *Der Weg durch die Wolken* (Originaltitel: Großvater und die Wölfe, bearb.) aus dem Schwedischen von Wolfgang Butt, dtv: München 2003.

Erlbruch, Wolf: *Die Ente und der Tod* (Originaltitel: Ente, Tod und Tulpe, gek.), Antje Kunstmann: München 2007.

Fuchs, Michael: *Paul der Superheld* (bearb.); *Sicher ans Ziel* (bearb.) aus: Paul der Superheld, Kinderbuchverlag Wolff: Bad Soden 2006.

Gavalda, Anna: *Neun Züge* (Originaltitel: 35 Kilo Hoffnung, gek.), übersetzt aus dem Französischen von Ursula Schregel, Berlin Verlag: Berlin 2004.

Gernhardt, Robert und Sarah Robin Zimmermann: *Bertolt Biber* (bearb.), Peter Hammer: Wuppertal 1998.

Goethe, Johann Wolfgang von: *Gefunden* aus: Goethes Werke, Christian Wegner: Hamburg 1962.

Grosche, Erwin: *Die Geschichte vom fliegenden Robert* aus: Der tierische Struwwelpeter, cbj: München 2007.
Schneetreiben aus: E-le-fa, E-le-fee! Was macht der Elefant am See? Arena: Würzburg 2007.

Guggenmos, Josef: *Auf ein Lesezeichen zu schreiben; Begegnung* aus: Ich will dir was verraten, Beltz: Weinheim und Basel 1992.
Cowboy Jim (Originaltitel: Schlechter Springer) aus: Das Geisterschloss, Rowohlt: Reinbek 1981.
Herr Matz und die Katz; Mister Harley

(Originaltitel Mister Harvey); *Nachmittag einer Schlange* (gek.) aus: Oh, Verzeihung, sagte die Ameise, Beltz: Wien, München 1990.
Nebel aus: Rita Harenski (Hg.): Zauberwort. Die schönsten Gedichte für Kinder aus vier Jahrhunderten, Arena: Würzburg: 2004.
Ostereier aus: Mücke, Heft 4/1984, Universum Verlagsanstalt: Wiesbaden 1984.
Halbey, Hans Adolf: *Kleine Turnübung* aus: Hans-Joachim Gelberg (Hg.): Überall und neben dir, Beltz und Gelberg: Weinheim und Basel 1986.
Pimpernelle Zwiebelhaut aus: Thomas Freitag: Ein Rübenschwein fliegt um die Welt, Esslinger: Esslingen 2008.
Hebel, Johann Peter: *Seltsamer Spazierritt* (bearb.) aus: Eberhard Meckel (Hg.): Werke, Insel: Frankfurt Main 1968.
Hilbert, Jörg: *Ritter Rost und die Hexe Verstexe* (bearb.), Terzio: München 1996.
Hoffmann, Heinrich: *Die Geschichte vom fliegenden Robert* aus: Der Struwwelpeter, Siebert: Waldkirchen.
Hohler, Franz: *Das Marzipanschwein* (gek.) aus: Rotraut Susanne Berner (Hg.): Apfel, Nuss und Schneeballschlacht, Gerstenberg: Hildesheim 2001.
Der Dieb (Originaltitel: Der Walkmandieb, bearb.) aus: Der Riese und die Erdbeerkonfitüre, Hanser: München 2000.
Jandl, Ernst: *lassen lässt* aus: serienfuss, Luchterhand: Darmstadt und Neuwied 1974.
weißen ich schneen (Originaltitel: frühlingsbeginn) aus: Rotraut Susanne Berner (Hg.): Apfel, Nuss und Schneeballschlacht, Gerstenberg: Hildesheim 2001.
Janisch, Heinz: *Nach dem Streit* aus: Ich schenk dir einen Ton aus meinem Saxofon, Jungbrunnen: Wien, München 1999.
Jatzek, Gerald: *Jetzt* aus: Wolf Harranth: Im Pfirsich wohnt der Pfirsichkern, St. Gabriel: Mödling-Wien 1994.
Wutspruch (Originaltitel: Wutsprüche) aus: Hans-Joachim Gelberg (Hg.): Großer Ozean, Beltz und Gelberg: Weinheim und Basel 2000.
Jentsch, Bernd: *Im Februar* (Originaltitel: Februar 1945) aus: Alphabet des Morgens, Mitteldeutscher Verlag: Halle/Saale 1961.
Jianghong, Chen: *Han Gan und das Wunderpferd* (gek.) aus dem Französischen von Erika und Karl A. Klewer, Moritz: Frankfurt Main 2004.
Joanniez, Sébastien: *Ein Zwilling für Leo* (gek.), übersetzt von Bernadette Ott, Beltz: Weinheim und Basel 2008.
Kästner, Erich: *Baron von Münchhausen* aus: Erich Kästner erzählt Münchhausen, Cecilie Dressler: Hamburg 1999.
Fauler Zauber aus: Das Schwein beim Frisör, Cecilie Dressler: Hamburg 1978.

Emil wird bestohlen; Emil stellt den Dieb aus: Emil und die Detektive, © Atrium Verlag AG: Zürich 1935.
Kiefer, Ingrid u. a. (Hg.): *Rezept für Müslikugeln* (bearb.) aus: Schlank ohne Diät für Kinder, Kneipp: Loeben 2006.
Kilian, Susanne: *Irgendwann fängt etwas an* (bearb.) aus: Kinderkram. Kindergedankenbuch, Beltz und Gelberg: Weinheim und Basel 1987.
Krüss, James: *Schneemannslos* aus: Max Kruse (Hg.): Die schönsten Kindergedichte, Aufbau: Berlin 2003.
Lindgren, Astrid: *Kalle Blomquist, der Meisterdetektiv* (Originaltitel: Kalle Blomquist lebt gefährlich, gek.), übersetzt von Karl Kurt Peters, Friedrich Oetinger: Hamburg 1996.
Mit Pippi Langstrumpf fing alles an (bearb.) aus: Oetinger Almanach: Gebt uns Bücher, gebt uns Flügel, Oetinger: Hamburg 1980.
Pippi findet einen Spunk; Pippi in der Schule aus: Pippi Langstrumpf: Oetinger: Hamburg 2007.
Lobe, Mira: *Eine Ostergeschichte* aus: Das Sprachbastelbuch. Jugend und Volk: Wien, München 1976.
Lück, Oliver: *Die große Blüte* (bearb.) aus: Geolino 3/2000.
Maar, Paul: *Der Wutkuchen* (bearb.), Oetinger: Hamburg 2008.
Maiwald, Peter: *Das Klassenzimmer* (gek.) aus: 100 Geschichten, Carl Hanser: München, Wien 2004.
Manz, Hans: *Sprache aufräumen* (Originaltitel: Betthupfel, bearb.) aus: Hans-Joachim Gelberg (Hg.): Großer Ozean, Beltz und Gelberg: Weinheim und Basel 2000.
May, Helge: *Die Idee* aus: Christel Bossbach (Hg.): Die schönsten neuen Kinderreime, Weltbild: Augsburg 1998.
Mennel, Wolfgang: *Manche Dinge* (Originaltitel: Manche Dinge kann man nur dann farbig sehen, wenn man die Augen fest geschlossen hat) aus: Hans-Joachim Gelberg (Hg.): Großer Ozean, Beltz und Gelberg: Weinheim und Basel 2000.
Morgenstern, Christian: *Das Wildschwein und das Zahmschwein; Novembertag* aus: Gesammelte Werke, R. Piper & Co.: München o. J.
Mörike, Eduard: *Er ist's* aus: Bernhard Zeller (Hg.): Eduard Mörike: Sämtliche Gedichte, Insel: Frankfurt Main 2001.
Moser, Erwin: *Gewitter* aus: Hans-Joachim Gelberg: Überall und neben dir, Beltz: Weinheim und Basel 1986.
Mueller, Dagmar H.: *Herbst im Kopf* (gek.), Annette Betz Verlag im Verlag Carl Ueberreuther: Wien, München 2006.
Neie, Rosemarie: *Was hat Frau Pumpel eingekauft?* aus: Viel Gerumpel um Frau Pumpel, Oetinger: Hamburg 1972.

Nielsen, Maja: *Verloren in Eis und Schnee* (Originaltitel: Scott und Amundsen. Das Rennen zum Südpol, bearb.), Gerstenberg: Hildesheim 2007.

Nöstlinger, Christine: *Der Bohnen-Jim* (gek.) aus: Geschichten für Kinder in den besten Jahren, Beltz und Gelberg: Weinheim und Basel 1986.
Was für ein Glück (Originaltitel: Eine glückliche Familie, bearb.) aus: Hans-Joachim Gelberg (Hg.): Was für ein Glück, Beltz: Weinheim und Basel 1993.

Obrist, Jürg: *Ein köstlicher Schinken* (gek.) in: Lauter klare Fälle?!, dtv: München 2005.

Overbeck, Christian Adolph: *Komm, lieber Mai und mache* (gek.) aus: Ludwig Reiners (Hg.): Der ewige Brunnen. Ein Hausbuch deutscher Dichtung, Beck: München 1992.

Peter, Brigitte: *Das Gedicht von den unsteten Dingen* aus: Winfried Ulrich: Sprachspiele für jüngere Leser und Verfasser von Texten. Hahner Verlagsgesellschaft: Aachen-Hahn 2004.
Es schleichen die schnurrenden Katzen aus: Das Sprachbastelbuch. Jugend und Volk: Wien, München 1976.

Poppenhäger, Nicole: *Die Schneelawine* (Originaltitel: Simi und Siri: Abenteuer im ersten Schnee, bearb.) Nord-Süd-Verlag: Gossau, Zürich 2006.

Porsche, Ferdinand: *Mein erstes Auto* (gek.) aus: Als wir noch Lausbuben waren. Berühmte und Prominente erzählen, Franz Schneider: München 1966.

Preußler, Otfried: *Die kleine Hexe* (bearb.), Thienemann: Stuttgart 1957.

Piumini, Roberto: *Herbst* aus: Hedwig von Bülow (Hg.): Es war einmal ein Zweihorn, Sauerländer: Düsseldorf 2004.

Rasmussen, Halfdan: *Schneeflocke* aus: Hedwig von Bülow (Hg.): Es war einmal ein Zweihorn, Sauerländer: Düsseldorf 2004.

Ringelnatz, Joachim: *Die Ameisen* aus: … und auf einmal steht es neben dir. Gesammelte Gedichte, Hensel: Berlin 1964.

Röckener, Andreas: *Dreizehn Drachen* aus: Mücki und Max, Heft 11/1991, Universum Verlagsanstalt: Wiesbaden 1991.

Schäuffelen, Konrad Balder: *auf los gehts los* aus: Winfried Ulrich: Sprachspiele für jüngere Leser und Verfasser von Texten. Hahner Verlagsgesellschaft: Aachen-Hahn 2004.

Scheen, Thomas: *Kadogo, Bosco und ihr Tschukudu* (Originaltitel: Ein gutes Leben mit der Schwerkraft; bearb.) aus: Frankfurter Allgemeine Zeitung, Nr. 303 vom 31.12.2007.

Schubiger, Jürg: *Das Auto* (bearb.) aus: Als die Welt noch jung war, Beltz: Weinheim und Basel 1995.
Wind und Wetter (gek.) aus: Hans-Joachim Gelberg (Hg.): Großer Ozean, Beltz und Gelberg: Weinheim und Basel 2000.
Woher die Tiere ihren Namen haben (bearb.); *Zwei Stifte* aus: Aller Anfang, Beltz und Gelberg: Weinheim und Basel 2006.

Schulze, Hanneliese: *Amanda* aus: Siegfried Buck (Hg.): Bausteine Lesebuch 3, Diesterweg: Braunschweig 2004 © Hanneliese Schulze.

Schwarz, Regina: *Wo man Geschenke verstecken kann* aus: Rotraut Susanne Berner (Hg.): Apfel, Nuss und Schneeballschlacht, Gerstenberg: Hildesheim 2001.

Sempé, Jean-Jaques und René Goscinny: *Zurück aus den Ferien* (gek.) aus: Der kleine Nick, übersetzt von Hans-Georg Lenzen, Diogenes: Zürich 1974.

Shipton, Paul: *Die Wanze* (bearb.) aus dem Englischen von Andreas Steinhöfel, Fischer: Frankfurt Main 2001.

Silverstein, Shel: *Kissenküssenkampf* übersetzt von Fredrik Vahle, aus: Wo der Gehweg endet, Middelhauve: München 1987.

Tellegen, Toon: *Josefs Vater* (gek.) aus dem Niederländischen von Mirjam Pressler, Carl Hanser: München, Wien 1994.

Topsch, Wilhelm: *Zu meiner Zeit* (bearb.) aus: Angelika Kutsch: Weihnachten, als ich klein war, Oetinger: Hamburg 1996.

Ulrich, Winfried: *Oben!* aus: Sprachspiele für jüngere Leser und Verfasser von Texten. Hahner Verlagsgesellschaft: Aachen-Hahn 2004.

Ungerer, Tomi: *Otto* (gek.), übersetzt von Anna Cramer-Klett, Diogenes: Zürich 1999.

Ury, Else: *Vor der Rechenarbeit* (bearb.) aus: Nesthäkchen im Kinderheim, Omnibus, Verlagsgruppe Randomhouse: München 2001.

Welsh, Renate: *Friedensfest* (bearb.) aus: Jutta Modler (Hg.): Frieden fängt zu Hause an, Herder Wien 1985.
Nina und der Wald aus: Nina sieht alles anders, Ravensburger: Ravensburg 1994.

Winding, Thomas: *Der Affe und der Büffel* (bearb.) aus: Mein kleiner Hund Mister und die Katze im Haus, aus dem Dänischen von Gabriele Haefs, Carlsen: Hamburg 2001.

Wittkamp, Frantz: *Nimm die Pfoten weg; Wie gut; Wir kamen vollkommen ahnungslos* aus: Ich glaube, dass du ein Vogel bist, Beltz: Weinheim und Basel 1987.

Zach, Gisela: *Computer-Kunst* aus: Siegfried Buck (Hg.): Bausteine Lesebuch 3, Diesterweg: Braunschweig 2004.

Unbekannte Verfasser/-innen

Buchtitelsuchgeschichte
Das löchrige Blüschen
Der weiteste Springer; Der schnellste Schwimmer;
Der tiefste Taucher; Der langsamste Kletterer
(bearb.) aus: medizini 6/2007, Wort
& Bild Verlag: Baierbrunn 2007.
Die erste Fernfahrt mit dem Auto aus: Mücke, Heft
3/1996, Universum Verlagsanstalt: Wiesbaden
1996.
Die höchsten Bäume (bearb.) aus: geolino.de
Die verschwundene Münze
Dunkel war's, der Mond schien helle
Hausaufgaben
Im Kopf
Lange Krokodile
Leeres Blatt

Originalbeiträge

Boie, Kirsten: *Meine Astrid Lindgren*
Daubert, Hannelore: *12-Jährige als Erpresserinnen;*
Das verschwundene Armband; Die Ausbrecher; Der
Wolf vor dem Richter; Leuchtreklame in der Stadt
Ferber, Michelle: *Der Zauberer* nach Josef Wrobel:
Der Jongleur, aus: Siegfried Buck (Hg.):
Bausteine Lesebuch 2, Diesterweg:
Braunschweig 2003.
Glückskäfer; Trichterfalle für Insektenforscher; Vom
Ei zum Siebenpunkt-Marienkäfer; Zaubersprüche
Krull, Susan: *Lesereise; Lesezeichen basteln; Der*
Treibhaus-Effekt; Regenboten; Regenmacher;
Schön warm?
Messelken, Ingrid: *Computer-Avenida; Besuch in der*
Bibliothek; Das unschlagbare Sonnen-Nuna; Der
Komodo-Waran; Game over; Internet-Chaos-
Recherche; Schneeleoparden
Mierau, Jenny (d. i. Jenny Hirschberg): *Hörbuch*
„Möwenweg" – ein Interview mit Sprecherin
Jenny (Originaltitel des Hörbuchs: „Wir
Kinder aus dem Möwenweg" erzählt von
Jenny Mierau, Jumbo: Hamburg 2006)
Sievert, Regina: *Der Kaufmann aus Paris; Der Lucia-*
Tag in Schweden; Du! Nein, du!; Lecker, lekker,
lækker; Lussekatter backen; Nein; Wir sind zurück;
Süßes raus oder es spukt

Bildnachweis

S. 6 und **7** (Ausschnitt) Emy Dresler: Spielende Kinder
© Foto: Städtische Galerie im Lenbachhaus, München

S. 8 Cover: Goscinny/Sempé, Der kleine Nick. Aus dem
Französischen von Hans Georg Lenzen. Copyright
© 1974, 2001 Diogenes Verlag AG Zürich

S. 11 Cover: Kirsten Boie, Verflixt – ein Nix!
Oetinger: Hamburg 2003, Hör-CD: Kirsten Boie,
Verflixt – ein Nix! Jumbo: Hamburg 2005

S. 16 und **17** (Ausschnitt) Russolo, Luigi 1885–1947.
„Automobile in corsa" (Auto in Fahrt),
1913/akg-images

S. 18 ullstein bild – Porsche AG

S. 20 aus: Frankfurter Allgemeine Zeitung Nr. 303
v. 31.12.2007, S. T6/Wolfgang Eilmes

S. 21 © Danita Delimont/Alamy;
Karte: Dr. Peter Güttler, Berlin

S. 23 Hans Peter van Velthoven/NUON

S. 26 und **27** (Ausschnitt) El Greco: Gewitter über Toledo/
Artothek

S. 28 „Der fliegende Robert" aus: Heinrich Hoffmann,
Der Struwwelpeter, Diogenes 2007

S. 29 Illustrationen „Der fliegenden Robert" aus:
Erwin Grosche, Der tierische Struwwelpeter
© 2007 cbj verlag, Verlag, München, in der
Verlagsgruppe Random House GmbH

S. 31 Cover: Per Olov Enquist, Großvater und
die Wölfe, dtv München 2003

S. 35 Tiziana & Gianni Baldizzone, Die Regenmacher,
Maskenzauber und Stammesriten.
Edition Flammarion, Paris

S. 41 Cover: Maja Nielsen, Magdalena Krembeck,
Abenteuer & Wissen. Scott und Amundsen,
Das Rennen zum Südpol. Mit Arved Fuchs
auf Spurensuche, Gerstenberg 2007

S. 42 und **43** (Ausschnitt) The Book, 1913 (oil on canvas)
by Juan Gris (1887–1927) © Musee d'Art Moderne
de la Ville de Paris, Paris, France/Lauros/Giraudon/
The Bridgeman Art Library Nationality

S. 45 Cover: Astrid Lindgren, Pippi Langstrumpf,
Oetinger: Hamburg 2007; Unterschrift Astrid
Lindgren: Verlag Friedrich Oetinger, Hamburg

S. 46 picture-alliance/dpa

S. 47 Unterschrift, Foto: Kirsten Boie

S. 49 Foto, Cover Hör-CD: Kirsten Boie, Geburtstag im Möwenweg, Hörverlag Jumbo, Buch-Cover: Kirsten Boie, Geburtstag im Möwenweg, Oetinger: Hamburg 2003

S. 54 Klaus G. Kohn, Braunschweig

S. 56 Niki de Saint Phalle, Volleyball (1993), Museé d'Art Moderne et contemporein

S. 58 Cover: Anna Gavalda,

S. 59 35 Kilo Hoffnung, Bloomsbury Berlin Verlag: Berlin 2004; Popeye © kfs-distr. Bulls

S. 68 und 69 (Ausschnitt) Marc, Franz 1880–1916. „Der Tiger", 1912. Öl auf Leinwand, 115 x 101,5 cm. Bernhard Koehler-Stiftung, 1965. Inv.Nr. G 13 320/ akg-images

S. 70 © Tom Brakefield/CORBIS

S. 71 Terry Whittaker/Alamy

S. 77 picture-alliance/dpa/dpaweb

S. 82 Okapia KG/R. Seitre

S. 83 Courtesy of PT Putri Naga Komodo

S. 86 Keith Haring: Untitled © The Estate of Keith Haring, New York

S. 97 Cover: Kirsten Boie, Kann doch jeder sein, wie er will, Oetinger: Hamburg 2002

S. 100 und 101 (Ausschnitt) Magritte, René, Das Reich der Lichter © VG Bild-Kunst, Bonn 2009/akg-images

S. 109 Jörg Obrist, Ein köstlicher Schinken, aus: Lauter klare Fälle?!, dtv: München 2005

S. 112 Karin Kuhlmann, Aztekischer Talisman, Werk aus dem „Rohrzangenprojekt" © VG Bild-Kunst, Bonn 2009

S. 113 Kytom L.

S. 120 Ursus Wehrli, Haring aufgeräumt. Copyright © Ursus Wehrli erschienen in: Ursus Wehrli, Noch mehr Kunst aufräumen © 2004 KEIN & ABER AG, Zürich, Untitled, 1982 © Keith Haring Foundation

S. 122 Max Ernst, Das geheimnisvolle Wesen © VG Bild-Kunst, Bonn 2009

S. 127 Cover: Terence Blacker, Zauberhafte Miss Wiss, Beltz & Gelberg in der Verlagsgruppe Beltz, Weinheim & Basel

S. 129 Cover: Otfried Preußler, Die kleine Hexe, mit Illustrationen von Winnie Gebhardt © 1957 by Thienemann Verlag (Thienemann Verlag GmbH), Stuttgart – Wien.

S. 131 aus: Karoline Kehr, Ich kann zaubern, Mami! Gerstenberg 2000

S. 135 Cover: Jörg Hilbert, Ritter Rost und die Hexe Verstexe, Terzio: München 1996

S. 136 und 137 (Ausschnitt) Julius Geerts, Schulstunde, Artothek

S. 139 Cover: Else Ury. Eine Reihe Erzählungen. Band 3. Nesthäkchen im Kinderheim. Meidingers Jugendschriften Verlag, Berlin, ca. 1929, Else Ury, Nesthäkchen im Kinderheim: Bd. 3, Thienemann Verlag 1984

S. 139 Foto: Bildarchiv Preußischer Kulturbesitz

S. 140/141 Bildarchiv Preußischer Kulturbesitz/Germin

S. 145 ullstein bild – Granger Collection

S. 147 Archiv Daimler Chrysler

S. 148 M.C. Escher's „Möbius Strip II" © 2008 The M.C. Escher Company-Holland. All rights reserved. www.mcescher.com

S. 153 Marc Ellinghaus, Hannover (Skarabäus), © Shariff Che'Lah – Fotolia.com (Marienkäfer)

S. 154 und 155 Fotos: © 2001 Patrick Lorne

S. 155 Cover: Meine große Tierbibliothek. Der Marienkäfer. Esslinger-Verlag © 2004 J.F. Schreiber

S. 160 und 161 (Ausschnitt): Jos de Mey: Seltsames Paar, Studio Claerhout, Gent

S. 163 Cover: Erich Kästner, Münchhausen, Dressler: Hamburg 2008

S. 168 aus: Philippe Corentin: Papa! (gek.) Moritz Verlag: Frankfurt 1997 und 2001

S. 172 Botanische Gärten der Universität Bonn, W. Barthlott (Titanwurz), SUNNYphotography.com/Alamy (General Sherman)

S. 173 NPL/Arco Images (Fächerfisch), Franco Banfi/ WaterFrame (Pottwal), Buddy Mays/CORBIS (Faultier)

S. 174 und 175 (Ausschnitt) Paul Klee 1922, 181 Senecio. Ölfarbe auf Grundierung auf Gaze auf Karton, 40,5 x 38,4 cm © VG Bild-Kunst, Bonn 2009; Öffentliche Kunstsammlung, Basel/akg-images

S. 177 Cover: Toon Tellegen, Josefs Vater, dtv: München 2006

S. 186 und 187 (Ausschnitt): Paul Klee 1925, 120 Maibild. Ölfarbe auf Karton auf Holz, 41,6 x 49,5 cm © VG Bild-Kunst, Bonn 2009. The Metropolitan Museum of Art, New York, The Berggruen Klee Collection

S. 194 plainpicture/Johner/Marten Adolf

S. 195 Stockfood/Bartley, Mary Ellen

Inhaltsverzeichnis

Wir sind zurück

Wir sind zurück 7

Zurück aus den Ferien 8

Lecker, lekker, læker 9

Nix war in der Schule los 10

Lange Krokodile 12

Im Kopf 12

Leeres Blatt 12

Hausaufgaben 12

Friedensfest 13

Du! Nein, du! 14

Schnelle Flitzer

Noch schneller 17

Mein erstes Auto 18

Das Auto 19

Kadogo, Bosco und ihr Tshukudu 20

Mister Harley 22

Cowboy Jim 22

Das unschlagbare Sonnen-Nuna 23

Schnelle Flitzer 24

Bei Wind und Wetter

Gewitter 27

Die Geschichte vom

fliegenden Robert 28

Der fliegende Robert 29

Der Weg durch die Wolken 30

Wind und Wetter 32

Wetterwörter 33

Regenboten 34

Regenmacher 35

Schön warm? 36

Der Treibhaus-Effekt 37

Nebel 38

Schneetreiben 39

Verloren in Eis und Schnee 40

Rund ums Buch

Eine schöne Geschichte 43

Pippi in der Schule 44

Mit Pippi Langstrumpf fing alles an 45

Astrid Lindgren 46

Kirsten Boie: Meine Astrid Lindgren 47

Das Möwenweg-Monster 48

Hörbuch „Möwenweg" – ein Interview

mit Sprecherin Jenny 49

Der Wolf 50

Wie gut 53

Lesereise 54

Auf ein Lesezeichen zu schreiben ... 55

Lesezeichen basteln 55

Gesund und fit

auf los gehts los 57

Neun Züge 58

Gesund und fit 59

Was hat Frau Pumpel eingekauft? 60

Rezept für Müslikugeln 61

Der Spitzensportler 62

Das Gedicht von den unsteten

Dingen 64

Oben 65

Kleine Turnübung 65

Fit für den „Sponsored Walk" 66

Tiergeschichten

Begegnung 69

Schneeleoparden	70
Die Schneelawine	72
Katzen-Spiele	73
Der Löwe	74
Der Löwe und der Bär	74
Der Affe und der Büffel	75
Bertolt Biber	76
Wildschweine in Reinickendorf	77
Das Wildschwein und das Zahmschwein	77
Winn-Dixie	78
Woher die Tiere ihren Namen haben	80
Nachmittag einer Schlange	81
Dreizehn Drachen	81
Der Komodo-Waran	82
Han Gan und das Wunderpferd	84

Miteinander leben

Kissenküssenkampf	87
Ein Zwilling für Leo	88
Der Wutkuchen	90
Wutspruch	91
Nach dem Streit	91
Herbst im Kopf	92
12-Jährige als Erpresserinnen	94
Nein	95
Kann doch jeder sein, wie er will	96
Anna Anders	98
Vom Streiten und Versöhnen	99

Lesedetektive

Dunkel war's, der Mond schien helle	101
Buchtitelsuchgeschichte	102
Der Wolf und das Lamm	103
Der Wolf vor dem Richter	103

Emil wird bestohlen	104
Emil stellt den Dieb	105
Das verschwundene Armband	106
Kalle Blomquist, der Meisterdetektiv	108
Ein köstlicher Schinken	109
Die Ausbrecher	110
Leuchtreklame in der Stadt	111

www.quiesel.de

Computer-Kunst	113
Computerschaden	114
Computer-Avenida	116
Internet-Chaos-Recherche	116
Game over	116
Onliner und Inliner	117
Besuch in der Bibliothek	118
Kunst aufräumen	120
Sprache aufräumen	121

Hokuspokus

Hokuspokus fidibus	123
Die verschwundene Münze	124
Fauler Zauber	125
Zauberhafte Miss Wiss	126
Kalt erwischt	127
Die kleine Hexe	128
Pimpernelle Zwiebelhaut	130
Der Zauberer	130
Ich kann zaubern, Mami!	131
Ritter Rost und Hexe Verstexe	132

Vor hundert Jahren

Lehrer Lämpel	137
Vor der Rechenarbeit	138
Zu meiner Zeit	140
Im Februar	141

Anhang

Otto	142
Der Kaufmann von Paris	144
Das löchrige Blüschen	145
Die erste Fernfahrt mit dem Auto	146

Was krabbelt da?

Die Ameisen	149
Amanda	150
Trichterfalle für Insektenforscher	152
Glückskäfer	153
Vom Ei zum Siebenpunkt-Marienkäfer	154
Die Wanze	156
Die Käferparty	158

Zum Staunen

Wir kamen vollkommen ahnungslos	161
Baron von Münchhausen	162
Ausreden in der Schule	164
Manche Dinge	165
Paul der Superheld	166
Sicher ans Ziel	167
Papa!	168
Der Bohnen-Jim	169
Zum Staunen	172

Ich denke mir

Kopfhaus	175
Pippi findet einen Spunk	176
Josefs Vater	177
Was ist Glück?	178
Was für ein Glück	179
Jetzt	180

Irgendwann fängt etwas an	180
Die Ente und der Tod	181
Zwei Stifte	182
Der Dieb	183
Seltsamer Spazierritt	184

Durch das Jahr

Die Welt ist allezeit schön	187
Wie?	188
Herbst	190
Nina und der Wald	191
Süßes raus oder es spukt	192
Novembertag	193
Der Lucia-Tag in Schweden	194
Lussekatter backen	195
Der lebendige Weihnachtsbaum	196
O Tannenbaum	198
Wisst ihr noch, wie es geschehen?	199
Das Marzipanschwein	200
weißen ich schneen	201
Schneeflocke	202
Schneemannslos	203
Er ist's	204
lassen lässt	204
Gefunden	205
Eine Ostergeschichte	206
Ostereier	206
Wo man Geschenke verstecken kann	207
Wie hieß dieser Vogel doch gleich?	208
Komm, lieber Mai und mache	209
Die Idee	210
Die Rollstuhlprinzessin	211
Das Klassenzimmer	212

Tipp zu Seite 110

Kalle hat alles richtig geschrieben und nur die Wortabstände geändert. Bolle hat immer den Buchstaben geschrieben, der im Alphabet dem gemeinten Buchstaben nachfolgt.

BAUSTEINE Lesebuch 3

Erarbeitet von
Hannelore Daubert, Michelle Ferber,
Susan Krull, Ingrid Messelken
und Regina Sievert

Auf der Grundlage von
Bausteine Lesebuch 3
Herausgegeben von Siegfried Buck
Erarbeitet von Gisela Buck, Siegfried Buck,
Hannelore Daubert, Ingrid Messelken
und Luitgard Schell

Illustriert von
Andreas Fischer, Barbara Freundlieb,
Yvonne Hoppe-Engbring, Karoline Kehr
und Kathrin Treuber

© 2009 Bildungshaus Schulbuchverlage
Westermann Schroedel Diesterweg Schöningh Winklers GmbH, Braunschweig
www.diesterweg.de

Das Werk und seine Teile sind urheberrechtlich geschützt. Jede Nutzung in anderen als den gesetzlich zugelassenen Fällen bedarf der vorherigen schriftlichen Einwilligung des Verlages. Hinweis zu § 52 a UrhG: Weder das Werk noch seine Teile dürfen ohne Einwilligung gescannt und in ein Netzwerk eingestellt werden. Dies gilt auch für Intranets von Schulen und sonstigen Bildungseinrichtungen.

Auf verschiedenen Seiten dieses Buches befinden sich Verweise (Links) auf Internet-Adressen. Haftungshinweis:
Trotz sorgfältiger inhaltlicher Kontrolle wird die Haftung für die Inhalte der externen Seiten ausgeschlossen. Für den Inhalt dieser externen Seiten sind ausschließlich deren Betreiber verantwortlich. Sollten Sie dabei auf kostenpflichtige, illegale oder anstößige Inhalte treffen, so bedauern wir dies ausdrücklich und bitten Sie, uns umgehend per E-Mail davon in Kenntnis zu setzen, damit beim Nachdruck der Verweis gelöscht wird.

Druck A^3 / Jahr 2011
Alle Drucke der Serie A sind im Unterricht parallel verwendbar.

Redaktion: Birgit Waberski, Silke Lohmeyer
Herstellung: Nicole Hotopp
Umschlaggestaltung: Visuelle Lebensfreude, Hannover, Peter Pfeiffer (Illustration),
www.biolib.de (botanische Zeichnung) , www.photocase.de (Hintergrund)
Typografie und Layout: Anke Rauschenbach, Annette Henko
Satz und technische Umsetzung: Druck- und Medienhaus Sigert, Braunschweig
Druck und Bindung: westermann druck GmbH, Braunschweig

ISBN 978-3-425-**14301**-9

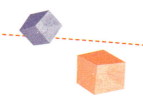